Kleine Geschichte Schwabens

Rolf Kießling

Kleine Geschichte Schwabens

Verlag Friedrich Pustet
Regensburg

Umschlagmotiv:
Vierjahreszeitenbild „Oktober November Dezember" aus der Werkstatt Jörg Breus (Heinrich Vogtherr d. J.), um 1550; Detail: Der Perlachplatz in Augsburg. – Kunstsammlungen und Museen Augsburg

Bibliografische Information der Deutschen Nationalbibliothek
Die Deutsche Nationalbibliothek verzeichnet diese Publikation in der Deutschen Nationalbibliografie; detaillierte bibliografische Angaben sind im Internet über http://dnb.d-nb.de abrufbar.

www.pustet.de

ISBN 978-3-7917-2231-3

Umschlaggestaltung: Kulturdesign Anna Braungart, Tübingen
Satz: Vollnhals Fotosatz, Neustadt a. d. Donau
Druck und Bindung: Friedrich Pustet, Regensburg
Printed in Germany 2009

Inhalt

Was ist Schwaben – in Bayern? Erste Annäherungen

Wer von Norden die bayerische Grenze überschreitet und auf den Regierungsbezirk ‚Schwaben' stößt, ist einigermaßen befremdet: Schwaben in Bayern? Wie geht das zusammen? Tatsächlich findet sich heute der einzige Gebietsname ‚Schwaben' nicht in dem Raum, den man ansonsten mit Schwaben identifizieren würde: mit Württemberg – nur die ‚Schwäbische Alb' als mittelgebirgiger Querriegel oder ‚Oberschwaben' als Raum zwischen Donau und Bodensee weisen dieses Grundwort auf. Der Name für den bayerischen Verwaltungsbezirk zwischen Iller und Lech, Ries und Allgäu, geht auf König Ludwig I. zurück, der 1837 die – nach französischem Vorbild – nach Flüssen benannten Sprengel der Mittelbehörden umbenennen ließ, um für die Bewohner die Identifikation mit den historischen ‚Stämmen', die nun das neue Bayern bildeten, zu ermöglichen. Er wollte Identitäten schaffen, damit alle unter der Wittelsbacher Krone ihren Platz finden und sich auf diese Weise mit der Annexion zu Beginn des 19. Jahrhunderts versöhnen konnten.

Dennoch, die Erinnerungskultur ist bis heute hartnäckig geblieben: Sie hatte vielfältige Ansatzpunkte, die über diese Grenzen hinauswiesen, und man bemühte sie immer wieder, um aus dem Korsett der bayerischen Staatlichkeit wenn nicht real, so doch wenigstens im Kopf zu entfliehen. So gesehen, ist das heutige Schwaben ein Konstrukt und keine geografische Größe – aber das war es genau besehen schon immer, sooft es in der Geschichte für eine Raumkonzeption stand, ohne dass die Vorstellungen davon, was ‚Schwaben' bedeutet, deshalb übereinstimmen mussten. Mit dem ‚Stamm' der Alemannen verband sich der Gedanke eines ‚ursprünglichen' Siedlungsgebietes, das von den Vogesen bis an den Lech, von der Nordschweiz bis weit über die Alb reichte und mit dem sich ein frühmittelalterliches alemannischen Herzogtum verbinden ließ.

Das hatte tatsächlich einen längeren Atem, denn nach der Eroberung Alemanniens durch die Franken und dem Ende des karolingischen Großreiches konstituierte sich am Anfang des 10. Jahrhundert ein neues ‚schwäbisches Herzogtum'. Freilich wurde es am Ende des 11. Jahrhunderts zwischen den Hochadelsgeschlechtern der Staufer, Welfen und Zähringer in Interessengebiete aufgeteilt. Als ‚Herzogtum Schwaben' hielt sich der Name nur bei den Staufern – doch sorgte dann die Vermischung Schwabens mit dem Reichsgut des Königsgeschlechts im 12./13. Jahrhundert dafür, dass es nach dem Ende der Staufer mit dem Tod des jungen Konradin in Neapel 1268 in Auflösung verfiel. Eine Wiederbelebung scheiterte – es gab kein ‚Schwaben' mehr als politische Größe.

In dieser Zeit war aber auch ‚Schwaben' nach Norden gewandert: Hatte das Herzogtum des 10. Jahrhunderts noch eindeutig seine ‚Vororte' am Bodensee mit dem Bischofssitz Konstanz als Zentrum gesehen, so streifte Zürich bereits im 14. Jahrhundert die Zugehörigkeit zu Schwaben ab. Die Abgrenzung gegenüber der Schweiz am Bodensee war um 1500 bereits erfolgt – die gegenseitige Beschimpfung als ‚Kuhschweizer' und ‚Sauschwaben' spricht Bände. Andererseits erhielt Hall im 15. Jahrhundert den Beinamen ‚schwäbisch', um sich als ehemals staufische Stadt gegen die Herrschaftsambitionen des Bischofs von Würzburg zu wehren. Auch politische Zusammenschlüsse wie der ‚Schwäbische Städtebund' seit 1376, die ‚Adelsgesellschaft mit St. Jörgenschild in Schwaben' seit 1406, der ‚Schwäbische Bund' von 1488 bis 1534 behielten den Beinamen ‚schwäbisch', um ihre räumliche Zuordnung sichtbar zu machen. Bis zum Ende des Alten Reiches prägte schließlich der weit ausgreifende ‚Schwäbische Reichskreis' zwischen Lech und Rhein, Bodensee, mittlerem Neckar und Ries die ‚Geschichtslandschaft' Schwaben. Nun beanspruchte Ulm gegen Konstanz und Stuttgart ‚des Schwabenlandes Herz und Haupt' zu sein, aber auch im frühen Württemberg sprach Eberhard im Bart gerne von ‚Württemberg und Schwaben', weil sich seine Dynastie zum dort verankerten Adel zählte. Um und nach 1500 gerieten die gelehrten Humanisten mit ihren Geschichtswerken um die Bestimmung des ‚alten' Schwaben miteinander in Streit: Während der Tübinger Universitätslehrer Johannes Nauclerus seine aktuelle *patria*, sein Vaterland Schwaben, in Abgrenzung von den Franken und Bayern sah und als topografische Grenzen die Alpen und den Rhein bestimmte, votierte Jakob Wimpfeling aus Strassburg für die Zugehörigkeit des Elsass zu einer ‚Germania'; Beatus Rhenanus wiederum ließ eine ‚Alemannia' entstehen, die sowohl Schwaben als auch das Elsass umfasste (Dieter Mertens). Man sieht, in diesen Jahrhunderten war ‚Schwaben' alles andere als eindeutig bestimmbar – aber es lebte in den Köpfen.

Die staatliche Neubildung in der Ära Napoleons stellte dann neue Konstruktionen in den Vordergrund: So wie das erweiterte Württemberg ein antagonistisches Verhältnis von Oberschwaben und Innerschwaben mit sich brachte, deren verschiedene Traditionen ihre spezifische Wertung und emotionale Auffüllung hatten, so finden wir im neuen Bayern eine Spannung von Bayerisch-Schwaben zu Altbayern – und nun wird auch verständlich, warum der romantische Historismus König Ludwigs I. mit der Namensgebung der Regierungsbezirke die Anknüpfung an die schwäbische Tradition bewusst einsetzte: Es geschah „in der Absicht, …die alten, geschichtlich geheiligten Marken … möglichst wiederherzustellen, die Einteilung… und die Benennung der einzelnen Haupt-Landesteile auf die ehrwürdige Grundlage der Geschichte zurückzuführen" (Wolfgang Zorn). Er beanspruchte auch seit 1835 den Titel eines ‚Herzogs in Schwaben', begnügte sich aber dann bei seinem Majestätswappen mit den rot-weiß-goldenen Sparren der ehemaligen vorderösterreichischen Markgrafschaft Burgau; erst 1923 übernahm der Freistaat Bayern den (halben) staufischen Löwen in Erinnerung an das mittelalterliche Herzogtum Schwaben.

Argumentierte man im neuen bayerischen Staat des 19. Jahrhunderts mit diesem historischen Konstrukt ‚Schwaben', so verband es sich in vielfältiger Weise wieder mit dem Ausgangspunkt: den Alemannen. Man besann sich auf ihren angeblichen Freiheitswillen; beispielsweise in der Form des Schwanks von den ‚Sieben Schwaben', der vom Spätmittelalter bis in die Romantik beliebt war und nun mit Ludwig Aurbacher seine humoristische literarische Form erhalten hat. Nicht selten leitete man daraus aber auch partikulare Interessen ab. Die jeweilige Dominanz der Staaten sollte damit kompensiert werden und mündete in die politische Denkfigur eines ‚Großschwaben', die das 20. Jahrhundert in verschiedenen Varianten erlebte: etwa als ‚Bundesstaat oder Reichsstaat Schwaben' vom Elsass und der deutschen Schweiz, Vorarlberg bis Württemberg und Bayerisch-Schwaben, wie er 1918 im Ulmer ‚Schwabenkapitel' angedacht wurde, oder in einer Instrumentalisierung gemeinschwäbischen Bewusstseins in der Krise der 20er-Jahre und in der regionalen NS-Politik Bayerisch-Schwabens, bis hin zu einer autonomen ‚Schwäbisch-alemannischen Demokratie' nach dem Zweiten Weltkrieg.

Doch das waren und blieben unrealistische Träume; realiter blieb die Illergrenze bestehen und wurde zunehmend zu einer Scheidelinie nicht nur zwischen den deutschen Staaten bzw. Ländern, sondern auch der Wahrnehmung und damit der Kulturen: Schwaben war aufgeteilt an Württemberg (ohne oder mit Baden) und Bayern – von der deutschen Schweiz spricht heute in dieser Hinsicht keiner mehr. Die Ausdehnung ‚Bayerisch-Schwabens' als Erbe napoleonischer Zeit hat sich bis heute erhalten, wenn auch mit Modifikationen: zunächst als ‚Oberdonaukreis' von 1817, seit 1837 unter Einschluss des Ries unter dem Namen ‚Schwaben und Neuburg', weil der Rückgriff auf das alte wittelsbachische Fürstentum Pfalz-Neuburg die Verbindung anbot, seit 1939 allerdings nur noch ‚Schwaben'. Erst seit 1944 griff die Ostgrenze mit dem Landkreis Friedberg wieder über den Lech hinaus, und die Gebietesreform von 1972 erweiterte mit dem Landkreis Aichach sogar noch die oberbayerische Komponente als Hinterland der Regierungshauptstadt Augsburg, während gleichzeitig Neuburg an Oberbayern abgegeben wurde – die wirtschaftsrationale Gegenwartsorientierung der Verwaltung erhielt nun Oberhand.

Was war und ist also Schwaben, zumal in Bayern? Keineswegs ein vorgegebener Raum, sondern eine Abfolge von Konstrukten, von subjektiven Zugehörigkeiten, oder anders gesagt: von Vorstellungen davon, wie sich solche in Räumen abbilden lassen. Das heutige bayerische Schwaben ist ein Ausschnitt aus einer ehemals weiterreichenden historischen Landschaft, die sich mit dem Begriff ‚Schwaben' verband, genauer: sein östlicher Teil. Deshalb kann die folgende Darstellung auch nicht an den Grenzen des Regierungsbezirkes an der Iller Halt machen. Doch wenn man der Auffassung folgt, dass die jeweilige Kultur wesentlich eine Prägung durch die Geschichte ist und nicht durch eine angebliche Stammesmentalität, die einem in die Wiege gelegt wird, dann ist es auch zulässig, diesem ‚Ostschwaben' seine eigenen Wege zuzuschreiben. Und davon soll im Folgenden die Rede sein.

Die Grundlagen: Kelten, Römer und Alemannen

Die Zeit der prähistorischen Kulturen seit dem 6. Jahrtausend, die wir von der Archäologie rekonstruiert erhalten, kann für eine ‚Geschichte Schwabens' kaum reklamiert werden, waren sie doch Teil großräumiger mitteleuropäischer Zusammenhänge. Erst mit den Kelten in der späten Latènezeit – benannt nach dem Fundort in der Ostschweiz –, dem letzten halben Jahrtausend vor den Römern, benennen die römischen Geschichtsschreiber einzelne kleinräumige Gruppen: die Likatier am Lech, die Estiones im Raum Kempten und die Brigantier um Bregenz, die unter dem Sammelbegriff der Vindeliker firmieren. Freilich finden sich in Schwaben keine der markanten keltischen ‚oppida', Stadtsiedlungen, wie sie im benachbarten Manching bei Ingolstadt ausgegraben wurde. Was man aber in großer Zahl findet, sind die ‚Viereckschanzen', fast quadratische Anlagen mit Wall und Graben, deren früher als sicher angenommene Funktion von Kultplätzen neuerdings wieder bezweifelt wird. Dann verlieren sich die eigenständigen Aspekte keltischer Kultur; sie sind wohl mit der römischen Zivilisation verschmolzen, weitgehend friedlich, vermutlich weil die Bevölkerung zurückgegangen und die Siedlungsplätze schon zum Teil verödet waren. Doch erst mit dem Vorstoß der Römer über den Alpenhauptkamm wurde Schwaben Teil einer eigenständigen süddeutsch-österreichischen Geschichtslandschaft.

Die römische Provinz Raetia

Im Sommer des Jahres 15 v. Chr. unterwarfen die römischen Truppen unter Tiberius und Drusus, den beiden Adoptivsöhnen des Augustus, in schnellem Vorstoß die rätischen und vindelikischen Stämme in den Alpen und deren nördlichem

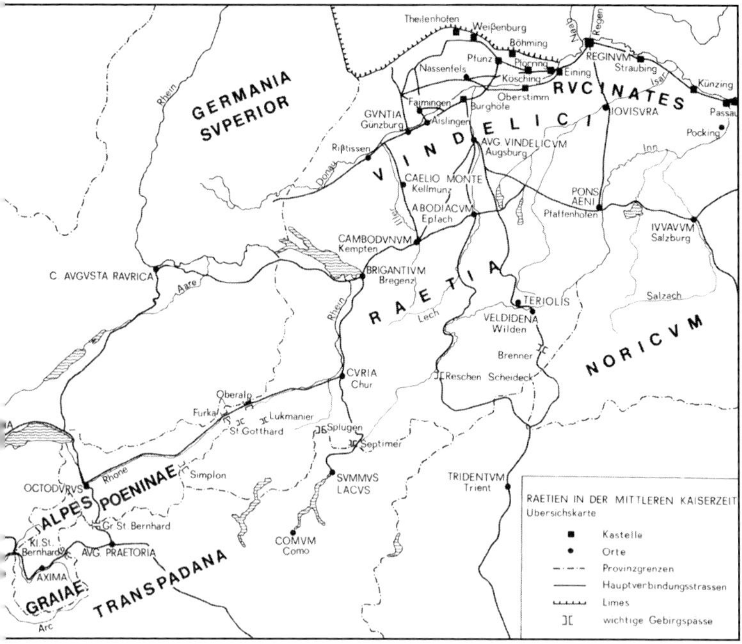

Die römische Provinz Raetien um 200 n. Chr. (nach Dietz u. a.)

Vorfeld, ohne auf große Gegenwehr zu treffen. Der militärischen Besetzung durch kleinere Lager – eines bei Oberhausen an der Wertach als frühester Siedlung im Raum Augsburg – und ersten Straßenbauten folgte unter Kaiser Tiberius (14–37 n. Chr.) der Ausbau der erster Niederlassungen in Bregenz *(Brigantium)*, Kempten *(Cambodunum)* und auf dem Auerberg *(Damasia?)*, den alten keltischen Vororten. Kempten, die Stadt auf dem Lindenberg, wurde zum ersten Sitz des Prokurators der Provinz *Raetia (et) Vindelica*. Ob es die *splendissima Raetiae provinciae colonia* des Tacitus (41,1) war oder damit schon das frühe Augsburg gemeint war, darum streiten sich die Historiker noch. Das Erscheinungsbild Kemptens war jedenfalls imponierend.

Cambodunum

„Ein System rechtwinkliger Straßen gliedert den zentralen Bereich der Stadt in zehn meist längsrechteckige Häuserblöcke, in so genannte *insulae*. Als Bewohner der einzelnen Hausparzellen einer *insula* dürfen wir Händler und Wirtsleute annehmen, zu Vermögen gekommene Handwerker ebenso wie den Besitzer eines größeren Landgutes, der hier sein Stadthaus hatte, und wohl auch den einen oder anderen Reichsbeamten. Zu den Hauptstraßen hin waren die Häuser mit Portiken, einer Art überdachter Gehsteige versehen. Außerhalb des orthogonalen Straßensystems angelegt sind die Bauten am Südrand der Stadt, vor allem aber die nördliche und südliche Vorstadt ...
Um die *insulae* herum ist eine Reihe von öffentlichen und halböffentlichen Bauten gruppiert: Außerhalb der Hauptausrichtung des Straßensystems lieg(en) ganz am Rande des Illerhochufers der ‚Gallorömische Tempelbezirk' ... und die so genannten ‚Großen Thermen' mit einer Fläche von ca. 4500 m² ...
Das *forum* selbst fügt sich in seiner letzten Ausbauphase mit einer kleinen Abweichung ebenfalls in das zentrale Raster des Stadtgrundrisses ein. Über einen eigenen Torbau, eine Art *Propylon*, gelangte man direkt in die Säulenhalle, die den ca. 37 x 69 m großen Hof auf allen vier Seiten umschloss. Aus den Gebäuden, die diesen Hof umgaben, ragen drei besonders hervor: die dreischiffige *basilica*, die Gerichtshalle, an die im Nordwesten wohl das Archiv der vier in der *basilica* tätigen Magistrate anschloss, als zweites die *curia*, der Versammlungsraum des *ordo decurionum*, des Gemeinderats, und schließlich auf der gegenüberliegenden Schmalseite des Hofes der Forumtempel, wohl der kapitolinischen Trias Jupiter, Juno und Minerva geweiht ..." (Gerhard Weber)

Die Römer fanden keine dichte Besiedlung in Schwaben vor, und die Ortsnamen keltischen Ursprungs wie z. B. *Cambodunum* verweisen eher auf eine ‚Integrationspolitik' der Römer; sehr schnell wurden auch mit Rätern und Vindelikern eigene Kohorten des Heeres gebildet. Sie drangen nach Norden zunächst bis zur Donau vor, dann unter den flavischen Kaisern, insbesondere unter Trajan (98–117) und Hadrian (117–138) bis über die Alb hinaus. Der steinerne Limes mit seinen Kastellen und Wachttürmen markierte nun die Grenze zwischen der römischen Welt und den Barbaren des freien Germanien – und umschloss Schwaben von Aalen über Weißenburg bis Eining a. d. Donau. Die Provinz Raetien reichte freilich nach Westen bis zur oberen Donau und zum Bodensee, nach Süden bis zu den Alpenübergängen des Simplon und Splügen, über den Reschen und Brenner hinaus und bis zum Inn nach Osten. Die Erschließung mit einem relativ engmaschigen Straßensystem aufwendiger Kunststraßen folgte den geographischen Leitlinien. Das Rückrat war dabei zweifellos die *Via Claudia* im Lechtal, deren Trasse, 46/47 fertiggestellt, über Füssen *(Foetibus)*, den Fernpass und den Reschen in großen Teilen rekonstruiert werden konnte und stellenweise sogar noch zu sehen ist. Sie erhielt eine Variante östlich des Lech, die dann über Partenkirchen nach Süden verlief, und eine weitere Nord-Süd-Linie folgte der Iller bzw. führte von der Donau bei Rißtissen an den Bodensee; eine wichtige Querverbindung kreuzte von Kempten über Epfach *(Abodiacum)* nach Osten, und weitere Hauptstraßen vernetzten Rätien mit den übrigen Hauptorten nördlich der Alpen. Zahlreiche Straßen- und Übernachtungsstationen ermöglichten Ruhepausen und Pferdewechsel. Lech und Donau boten für Schwerlast auf Kähnen bzw. Flößen leichtere Transportmöglichkeiten, wobei in Augsburg vor kurzem auch dazugehörige Hafenanlagen ergraben wurden.

Römische Zivilisation

Als Augsburg am Anfang des 2. Jahrhunderts die führende Rolle Kemptens als Residenzstadt übernahm, war es noch primär Truppenstützpunkt des römischen Statthalters, wohl 120/21 erhielt es das Stadtrecht und firmierte damit als *municipium Aelium Augusta Vindelicum* mit einer selbständigen Verwaltung: eine Stadt von 10–15 000 Einwohnern mit repräsentativen öffentlichen Steinbauten, einer künstlichen Wasserversorgung aus dem 35 km entfernten Hurlach und seit dem Ende des 2. Jahrhunderts auch einer Steinmauer.

Das pulsierende Leben prägten nun nicht nur die Militärs, sondern die Kaufleute mit einer breit gestreuten Warenpalette von wertvollen Stoffen bis zu Orientwaren, zusammengehalten von Korporationen unter einem Dachverband der *negotiatores municipii.* Und diese reiche Oberschicht baute sich auch ihre gediegen ausgestatteten Landsitze, die *villae rusticae*, im unmittelbaren Umland und dann weiter ausgreifend an den Flussterrassen, bevorzugt der Friedberger Lechleite. Von den großen Gutshöfen kamen die Lebensmittel in die Stadt, aber das Land verfügte auch über umfangreiche Produktionsstätten für Industriewaren. Besonders herausragend war das Töpferdorf *Rapis* (Schwabmünchen) an der Straße nach Kempten.

Das Töpferdorf Rapis

„Die günstige Verkehrslage, geeignete Tone und ausgedehnte Wälder in der Umgebung sowie zugewanderte Töpfer aus Gallien haben spätestens seit flavischer Zeit dem Keramikhandel zu einer Blüte verholfen, die weit über die Grenzen Rätiens hinaus gewirkt hat. Das über 200 m lange Straßendorf auf der Hochterrassenkante und am Straßenanstieg wurde spätestens um die Mitte des 1. nachchristlichen Jahrhunderts gegründet ... Das Töpferdorf zählte im 2. Jahrhundert mindestens ein Dutzend Familien, die in ebenso vielen Landhäusern aus Holz lebten und arbeiteten ... Über 70 Töpferöfen mit einem Füllvolumen von jeweils einem Kubikmeter sind bisher freigelegt und untersucht worden ... Aus der Blütezeit des späten 2. Jahrhunderts sind durch Fabrikantenstempel auf den produktionstypischen Reibschüsseln einige Namen Schwabmünchner Töpfer und Töpferfamilien bekannt ..., die zum Teil aus dem keltischen Milieu, zum Teil aus dem Sklavenmilieu stammen. Hergestellt wurde neben allen gängigen Formen des rauwandigen Haushaltsgeschirrs für Vorratskeller und Küche vor allem feines Tischgeschirr." (Wolfgang Czysz)

In Westheim bei Augsburg fand sich eine kaiserliche Ziegelei, ein Staatsbetrieb, der neben den üblichen verschiedenen Formen von Ziegeln für Bau, Dach oder Fußbodenheizung – mit Stempelmarken versehen – auch Tonmedaillons, Backformen und Öllampen herstellte; eine Spezialität war Tontafelgeschirr als Kopien von aufwendigen Metallgefäßen.

Viel über das alltägliche Leben erfahren wir auch aus den Grabdenkmälern der bürgerlichen Oberschicht, die am Ende

Tempel des Apollo Grannus in *Phoebiana* (Faimingen), erste Hälfte des 2. Jhs. (Teilrekonstruktion).

des 2. Jahrhunderts ihre Handelsgewohnheiten abbildeten. Die Gräber in den Landfriedhöfen bei den Villen und Dörfern fielen mitunter sehr aufwendig aus, etwa die einer Frau unter einem runden Erdhügel von 15 m Durchmesser an der Straßenstation bei Wehringen mit einer Urne der Toten, Resten von Holzmöbeln, Geschirr aus Bronze, Keramik und Glas und einer Kosmetikausstattung. Auf dem gleichen Friedhof war auch ein Arzt bestattet worden, dem man sein chirurgisches Besteck, Medikamente und eine Tageskasse beigegeben hatte.

Die Verehrung der Götter galt in Rätien neben Jupiter als ‚Vater der Götter und Menschen' vor allem dem Merkur, dem Patron der Kaufleute. Einen guten Eindruck vom römischen Götterhimmel in der Provinz eröffnet der berühmte Weißenburger Schatzfund des 2./3. Jahrhunderts, der 1979 in einem Spargelbeet entdeckt wurde und heute Teil des Museums ist. Eine besonders ausgeprägte Bedeutung hatte der Heil- und Quellgott Apollo Grannus, dem man in *Phoebiana* (Faimingen), einem Ort bei Lauingen, einen eigenen Tempel weihte.

Hier suchte sogar Kaiser Caracalla während seines Feldzugs gegen die Alemannen 212/13 Heilung.

Diese recht ruhige Phase ging mit der Krise des 3. Jahrhunderts zu Ende, die sich im gesamten Römischen Reich von den Rändern her immer deutlicher bemerkbar machte. In Rätien waren es seit 233 die Alemannen und die Juthungen – sie siedelten nördlich der Donau im Anschluss an die Alemannen –, die für permanente Unruhe sorgten. Auch ein spektakulärer Sieg im April 260 vor den Toren Augsburgs „über die Barbaren des Stammes der Semnonen oder/und Juthungen" – an dem übrigens auch *Germaniciani* beteiligt waren –, offenbart die „wirren und desolaten Zustände in Rätien" zu dieser Zeit (Lothar Bakker). Er kann nicht darüber hinwegtäuschen, dass eine Rücknahme der Grenze die einzige Chance zur Stabilisierung bot: Es entstand der ‚nasse Limes' vom Rhein über den Bodensee und die Iller entlang der Donau; das nördlicher gelegene Gebiet wurde verlassen – aber nie offiziell aufgegeben, was sich in der Fortdauer des Namens Rätien in ‚Ries' zeigen mag. Der verbliebene Teil wurde systematisch befestigt: Binnenplätze wie der Lorenzberg bei Epfach *(Abodiacum)* oder der Goldberg bei Türkheim stehen dafür ebenso wie die Aufgabe der Stadt Kempten zugunsten eines kleineren Areals unterhalb der Burghalde. Zivile Plätze Günzburg *(Guntia)* oder die neuen Kastelle Kellmünz *(Caelius Mons)*, Bürgle bei Gundremmingen *(Pinianis)* oder Burghöfe bei Mertingen *(Sumuntorio)*, dazu die zahlreichen Wachttürme markierten die Grenze.

Römer und Alemannen

Die letzte Phase des Römerreiches nördlich der Alpen in ‚Schwaben' war von Rückzug und Auflösung bestimmt, aber auch von einem zunehmenden Verwischen der Konturen gegenüber den Germanen. Trotz einer gewissen Beruhigung in der ersten Hälfte des 4. Jahrhunderts unter Konstantin (306–337), einer Zeit, in der die Provinz Rätien geteilt wurde und Augsburg nunmehr als Hauptstadt der Provinz *Raetia secunda* fungierte, wird erkennbar, dass zunehmend auch alemannischjuthungische Kohorten das rätische Grenzheer stellten – man spricht zugespitzt von einem ‚Bruderkrieg an der Grenze'.

Gleichzeitig wurden Germanen aber auch im Inneren angesiedelt, um als eine Art ‚Bauernmiliz' rasch mobilisiert werden zu können. Dennoch war die Abwanderung nach Süden für viele Romanen der einzige Ausweg, und von den einst blühenden Siedlungen blieben nur noch verkümmerte Reste, sodass selbst die Versorgung der Provinz weitgehend aus Italien erfolgen musste. Nur mehr Augsburg war so etwas wie eine ‚romanische Hochburg', nicht zuletzt als Rückzugsort für die Landbevölkerung, während das flache Land immer mehr unter den Einfluss der Alemannen geriet.

Wer waren diese Alemannen? Die Namensüberlieferung und Deutung als ‚zusammengelaufene und vermischte Leute' stammt von dem antiken Schriftsteller Asinius Quadratus. Entgegen der romantischen Vorstellung vom einheitlichen alten Großstamm ist man heute einhellig der Meinung, dass das Selbstverständnis, das sich in diesem Namen spiegelt, auf eine „Ethnogenese der Alemannen aus verschiedenen, ethnisch unterschiedlichen Personengruppen" im Vorfeld des Limes bezieht (Dieter Geuenich). Schon die Spitzenstellung von mehreren *reges* (Anführer, Könige) und dazu noch *regales* (Unterkönige) und *optimates* (Adelige), belegt in der Schlacht bei Straßburg 357, zeigt eine sehr differenzierte innere Struktur. Sie bildet sich in den archäologisch fassbaren Funden auf den zahlreichen Höhenburgen der Oberschicht im heutigen Württemberg ab – der ‚Runde Berg' bei Urach ist der bekannteste.

Die Herkunft der Alemannen ist freilich nur in Umrissen erkennbar, doch lassen die Ausgrabungsfunde immerhin den Schluss einer engen Verwandtschaft mit elbgermanischen Gruppen zu, vor allem aus dem Mittelelbe-Saale-Gebiet. Im Bestattungsritus hatten sie allerdings bereits einen Traditionsbruch vollzogen, nämlich die Körperbestattung in durchaus aufwendigen Grabbauten, während die Elbgermanen vorwiegend Urnenbestattungen vornahmen. Außerdem ist eine Abgrenzung zu den Juthungen, die wohl schon im späten 5. Jahrhundert in den Alemannen aufgegangen sind, bislang nicht möglich – also tatsächlich ein ‚zusammengewürfeltes Mischvolk'.

Zudem finden sich untrügliche Zeichen einer kulturellen Angleichung bis hin zur ‚friedlichen Koexistenz' mit den Römern. Rätische Grabfunde belegen eine Mischung aus provinzialrömischen und germanischen Formen. Aber auch einzelne Gräber auf dem flachen Land – wie der Bestattungsplatz einer Kleinsiedlung bei Westendorf – enthalten noch Waffenbeigaben eindeutig germanischer Tradition. Auf eine Nachahmung römischer Lebensweise deutet andererseits die Verwendung von Keramik und die Metallverarbeitung, wie sie auf den alemannischen Höhensiedlungen üblich wurden. Der Gedanke ist nicht weit hergeholt, dass die aus schriftlichen Quellen belegten römischen Gefangenen der Alemannen auch Handwerker gewesen sein könnten. Selbst die befestigten Burganlagen lassen sich möglicherweise auf römische Vorbilder zurückführen.

Die breite Phase des Übergangs von der Antike zum Mittelalter wird in Rätien somit nicht nur als Abwehrkampf, sondern auch als langer friedlicher Akkulturationsprozess begreifbar. Dass Namensmaterial – die Fluss- und einige Ortsnamen – und zivilisatorische Techniken handwerklicher Arbeit wie agrarische Methoden dazugehören, ist unbestritten. Siedlungskontinuitäten sind schon wesentlich schwerer zu fassen, wie das Beispiel Augsburg zeigt: Hier ist es sehr plausibel, die weitere Existenz provinzialrömischer Bevölkerung anzunehmen, beim Gräberfeld von St. Ulrich und Afra gibt es Brücken bei der Bestattung bis ins 6. Jahrhundert, und jüngst ist nicht nur die Ausgrabung eines alemannischen Siedlungskomplexes in der Nähe des Domes an der südlichen römischen Stadtmauer gelungen, sondern im Dombezirk selbst wurde eine Schichtenfolge bis ins Mittelalter nachgewiesen. Auf dem Land muss man von der Nutzung römischer Villenbauten und ihrer agrarischen Ressourcen ausgehen – und sei es nur als Steinbruch –, ohne dass direkte Kontinuitäten nachweisbar wären; lediglich bei den spätrömischen befestigten Siedlungen etwa dem Lorenzberg bei Epfach ist eine solche Annahme begründet, weil hier in den Ruinen einer spätantiken Kapelle alemannische Siedler der Merowingerzeit einen Friedhof anlegten. Eindringende Germanengruppen, vor allem Alemannen, lebten zwischen Resten romanischer Bevölkerung.

Frühmittelalter: Bistum und Herzogtum

Nach dem Tod des Statthalters Aetius 454, der noch einmal den römischen Herrschaftsanspruch durchsetzen konnte, geriet Schwaben endgültig an den sich auflösenden Rand des Römischen Reiches. Abgesehen von der kurzzeitigen Episode eines Protektorats Theoderichs (493–526) über die Alemannen beider Rätien – die allerdings keine stärkeren Spuren hinterlassen hat – stand es nun im Spannungsfeld zwischen Italien und dem Frankenreich, das sich seit dem ausgehenden 5. Jahrhundert im Nordwesten etabliert hatte. Die Dynastie der Merowinger, die mit Chlodwig (481–511) gegen die Alemannen 496 siegreich geblieben war, dehnte ihren Einflussbereich systematisch nach Südosten bis zu den Bajuwaren aus: In beiden Gebieten etablierte sich ein eigenes ‚Stammesherzogtum' unter fränkischer Oberhoheit. Ostschwaben zählte zum alemannischen mit Schwerpunkt weiter im Westen um den Bodensee.

Die alemannische ‚Landnahme'

Die ‚Landnahme' der Alemannen, gestaltete sich weiterhin als wenig spektakulärer Prozess. Das Einsickern von Gruppen setzte sich bis ins 7. Jahrhundert fort, wobei die Ortsnamen auf -ingen und -heim (soweit sie echt sind) und die Reihengräberbestattungen die Leitlinien aufzeigen: Von den alten Schwerpunkten des Ries und der nördlichen Donauterrassen sowie des unteren Lech, der Wertach und der Iller gingen sie talaufwärts voran, erschlossen dann auch das obere Illertal. Im Mindeltal lässt sich der Besiedlungsvorgang genauer verfolgen: Er begann in Salgen um 500 und rückte bis Mitte des 7. Jahrhunderts über Mindelheim bis zum Ausbauort Dirlewang am Südende des Tales voran, getragen von einer „nur durchschnittlich wohlhabenden" Schicht (Volker Babucke). Im 7. Jahrhundert treten als

Träger zunehmend Adelige mit Herrenhöfen und qualitätvollen Grabbeigaben hervor wie in Schlingen oder Jengen. Pforzen *(Forzheim)* an einer Wertachfurt oder Spötting am Lech (heute ein Ortsteil von Landsberg) markieren die bevorzugte Lage an Flussübergängen bzw. Straßen; interessanterweise überschritten wohl alemannische Gruppen den Lech, ohne dass damit eine dauerhafte Entwicklung ausgelöst worden wäre.

In der fränkischen Zeit nach der Mitte des 8. Jahrhunderts folgte dann eine erste Phase der Binnenkolonisation mit den jüngeren Ortsnamen auf -dorf, -hofen, -hausen, -heim, -stetten, -beuren. Im Zuge einer ‚fränkischen Staatskolonisation' entstanden zudem wohl eine Reihe von heim-Orten mit charakteristischen Himmelsrichtungen (Sontheim, Westheim etc.) oder mit dem Bestimmungswort Franken-, aber auch Friesen-, Sachsen- oder Wenden-.

Seit der Mitte des 6. Jahrhunderts war die Situation bereits durch Verfestigungen bestimmt, die sich in den Benennungen und Lokalisierungen niederschlugen: So schrieb der ostgotische Geschichtsschreiber Jordanes um 551/52: *Das Land der Schwaben (regio illa Suavorum) hat im Osten die Bayern (Baibaros) zu Nachbarn, im Westen die Franken, im Süden die Burgunder, im Norden die Thüringer;* und wenig später, um 565, berichtete Venantius Fortunatus auf der Rückreise von einer Pilgerfahrt zum Grab des hl. Martin von Tours: *Von Augsburg aus, wo du die Gebeine der heiligen Märtyrerin Afra verehren wirst, ziehe weiter gegen die Alpen, dort, wo die Sitze der Breonen liegen, wenn der Weg frei ist und der Bayer dir nicht entgegentritt.* Feste Grenzen zu ziehen, wäre freilich voreilig, denn der Prozess der Ethnogenese war noch keineswegs abgeschlossen.

Christianisierung und Kirchenorganisation

Wie die Erwähnung des Afrakultes deutlich macht, gehörte zu den großen kulturprägenden Faktoren in dieser Zeit die Christianisierung. Ihre Anfänge liegen freilich im Dunkeln. So lässt sich nur schwer abschätzen, wie weit die antike Kulttradition, die mit Chur und Säben auch zwei Bischofssitze hatte, hier tatsächlich ins Mittelalter reichte. Die archäologischen Funde von Goldblattkreuzen und anderen christlichen Zeichen auf Gürteln weisen ins 7. Jahrhundert, das Zentrum Augsburg dürfte wohl in die gleiche Zeit zu setzen sein, auch wenn der erste urkundlich genannte Bischof erst mit Wikterp (um 740–772) sicher belegt ist. Man vermutet, dass König Dagobert I. (623–639) zusammen mit der Festlegung des Bistumssprengels Konstanz auch das östlich der Iller benachbarte Bistum Augsburg organsisiert haben wird – immerhin verzeichnet ihn der Nekrolog, das Totengedenkbuch, von St. Ulrich und Afra unter seinen Stiftern. Bischofssitze und ihre Sprengel waren strategisch wichtige Machtfaktoren des Frankenreiches. Und so diente Wikterp neben Augsburg auch der alte Lechübergang Epfach als zeitweiliger Aufenthaltsort – an der Grenze zu Bayern.

Die Missionswellen der Irofranken sind für Schwaben eng mit dem heiligen Magnus verbunden, der allerdings erst zur zweiten Welle gehörte. Vorher war Columban mit Gallus um 610 vom fränkischen Königshof nach Bregenz zu den *nationes Suevarum* gekommen. Während er nach Italien weiter zog, blieb sein Gefährte Gallus in Arbon und gründete die Zelle an der Steinach, das Kloster St. Gallen (um 719) – und stand dabei in enger Verbindung mit dem Alemannenherzog Gunzo von Überlingen; bezeichnenderweise war sein erster Abt Othmar auch ein Alemanne, der seine Ausbildung in Chur erhalten hatte. Von dort aus zogen dann um die Mitte des 8. Jahrhunderts Magnus und Theodor ins Allgäu; Magnus wirkte in dem antiken Ort Epfach, gründete wohl eine Kirche mit Zelle in Füssen (nach 741) und das Kloster in Kempten (um 750), Theodor in Ottobeuren, das nach der Klosterüberlieferung 764 entstanden ist. Die *Vita Sancti Magni* schildert anschaulich die Weihe der Kirche des hl. Magnus in Kempten durch Bischof Wikterp und erwähnt dabei Audegarius als Gründer und ersten Abt des Klosters; dabei ist auch von einem *castrum Campidonsense* und von der Anwesenheit einer Menge an ‚Volk' *(multitudine populis)* die Rede. Freilich ist diese Quelle höchst umstritten, vielfach als legendär, als ‚Fälschung' auf die Seite geschoben worden, wird aber heute immerhin in ihrem Kern wieder als einigermaßen wahrscheinlich akzeptiert.

Der ‚monastische Aufbruch' in größeren und kleineren Niederlassungen war bedeutsam für die entstehende Kirchenorganisation. Die Besetzung der Bistümer aber war eine politische Frage. Das Augsburger Bistum war spätestens im 9. Jahrhundert fest in fränkischer Hand. Besonders wichtig wurde hier bereits Simpert (778–807), der das besondere Vertrauen Karls des Großen genoss; zu seiner Zeit wurde auch der Sprengel jenseits des Lech in Bayern und einschließlich des Ries' bis Dinkelsbühl stabilisiert und dem Metropoliten in Mainz unterstellt. Die Ausbildung des Pfarreisystems betonte nicht zufällig mit einer Reihe von Martinspatrozinien, dem fränkischen Reichsheiligen, die politische Verbindung nach Westen.

Das alemannische Herzogtum

Die Herrschaft in Alemannien spiegelt sich im Kampf um das Herzogtum, auch wenn es erst nach und nach klarere Konturen bekommt: 536/37 vom Ostgotenkönig Witigis an den Merowingerkönig Theudebert I. (533–547) abgetreten, hatte es als Provinz des Frankenreiches zunächst eigene Führungsfiguren – die beiden ersten Heerführer, die Brüder Leuthari und Butilinus, waren zwar fränkische Amtsherzöge, handelten aber offenbar mit einer gewissen Selbständigkeit. Mit Gunzo von Überlingen, familiär mit den Merowingern verbunden, der um 680 zu einer Kirchensynode nach Konstanz einlud, wird sein Gebiet genauer greifbar: es war offenbar weitgehend identisch mit dem Bistum Konstanz.

Die Durchdringung des Landes durch die Franken geschah von den romanisierten Rändern aus in das Innere Alemanniens, Herzog Gottfried († 709) residierte dann um 700 bereits in Cannstatt am Neckar. Er war es auch, der versuchte, mit seinem Geschlecht ein eigenes Herzogshaus zu etablieren – wie es den mit ihm verwandten Nachbarn, den Agilolfingern in Bayern, schon seit langem gelungen war – doch damit geriet er in einen massiven Gegensatz zu den fränkischen Hausmeiern aus dem Geschlecht der Karolinger, die die Herrschaft im Frankenreich nach und nach an sich gezogen hatten und sie nun expandierten.

Unter Gottfrieds Söhnen, den Brüdern Lantfrid († 730) und Theudebald (reg. bis 746), kam es zum Machtkampf: Fränkische Adelige wurden als Grafen eingesetzt, um die Macht der Herzöge einzugrenzen; das Kloster Reichenau sollte als karolingische Gründung 724 einen geistlichen Gegenpol zum alemannischen St. Gallen bilden. Dann führten die karolingischen Brüder Karlmann und Pippin d. J. 742/43 erste Feldzüge gegen Herzog Theudebald – und gegen Herzog Odilo von Bayern; beide standen an der Spitze einer ‚Koalition der Unzufriedenen'. Nach weiteren Niederlagen Theudebalds in den folgenden Jahren schlug Karlmann eine letzte Empörung blutig nieder. Von dem anschließenden Gerichtstag 746 wurde bald als dem ‚Blutgericht von Cannstatt' berichtet, bei dem Tausende von Adeligen wegen Hochverrats hingerichtet worden seien – die Quellen dazu sind freilich widersprüchlich. Tatsächlich aber war nach einer schrittweisen Entmachtung des alemannischen Herzogtum dessen Ende gekommen: Nun waren es fränkische Adelige, die den Ton angaben, sich aber mit dem Rest des alemannischen Adels vermischten – ein typischer Vorgang der Integration in das Karolingerreich. Das Ziel der Karolinger, den Zugang zu den Alpen auf breiter Front zu sichern, war erreicht.

Dieses ‚ältere Stammesherzogtum' gewinnt durchaus deutliche Konturen: An die Spitze des herrschenden Adels hatte sich ein Herzogshaus gesetzt, es hatte den Aufbau der Kirche vorangetrieben und mit der *Lex Alamannorum* ein Gesetzbuch erlassen. Wie die anderen germanischen ‚Volksrechte' auch – etwa die *Lex Baiuwariorum* oder die fränkische *Lex Salica* – zielte es darauf, mit einer schriftlichen Rechtsgrundlage wenigstens die „primitive Friedensordnung" eines Bußenkatalogs als verbindliche Verfahrensform gegen die „destabilisierenden Rachemechanismen" zu setzen (Clausdieter Schott). Der ältere *Pactus* wohl aus dem beginnenden 7. Jahrhundert wurde unter Herzog Lantfrid um 730 zur *Lex* erweitert – damals noch in engem Zusammenwirken mit dem fränkischen Königtum. Es handelt vom Schutz der Kirche, von der Rolle des Herzogs als Gerichtsherr und Friedensgarant sowie als Heerführer, und schließlich von den ‚Volkssachen' mit verschiedenen Rechtsfällen. Es unterschied die Menschen in Unfreie und Freie, die wiederum in verschiedene Stände gegliedert waren: die ‚minderbemittelten Freien' *(baro minoflidis)*, die ‚mittleren Standes' *(medianus)* und die ‚hohen Standes' *(primus Alemannus)*. Das ‚Wergeld', das als Buße bei den verschiedenen Vergehen zu entrichten war, war entsprechend abgestuft. Auch wenn es sich um rechtliche Kategorien handelte, so spiegelt sich in ihnen doch auch die soziale Gliederung. Sie wurde ihrerseits nach Rang und Vermögen bemessen, nach der Größe der Hausgemeinschaften und der Nähe zum Herrscher, erkennbar nicht zuletzt auch am Wert der Grabbeigaben.

Schwaben als Teil des Frankenreichs

Mit den Karolingern setzte um 760 eine administrative Neuordnung an Oberrhein, Bodensee und Donau ein; sie ist mit den beiden fränkischen Grafen Warin und Rudhart eng verbunden. Ein wichtiges Instrument war die Einrichtung von Grafschaften, in denen das Reichsgut verwaltet wurde und sich die Reichspräsenz personalisierte; bei ihrer Besetzung rang die fränkische ‚Reichsaristokratie' mit den einheimischen Geschlechtern um Einfluss. Erst in der Zeit Kaiser Ludwigs des Frommen (817–843) konnte aber die königliche Herrschaft so verdichtet werden, dass die Grafschaften „zur Verwaltung eines ausgedehnten Siedelgebietes" wurden. Dennoch hat es eine „restlose Einteilung Alemanniens in königsherrschaftliche Grafschaften" nicht gegeben (Michael Borgolte).

Beobachtungen, wie das in Ostschwaben aussah, lassen sich freilich nur andeutungsweise machen. Zwar wissen wir, dass nördlich des Bodensees der Linz- und der Argengau lagen, östlich anschließend um Leutkirch der Nibelgau und nördlich davon der Rammagau um Laupheim sowie der schwer lokalisierbare Haistergau als Herrschaftsbereiche fungierten, zu denen etwas später auch der Alpgau, das Allgäu, kam. Diesseits der Iller lagen der Duriagau (vermutlich im Ulmer Winkel) und der Illergau im Raum Kempten-Memmingen. Im äußersten Osten, beiderseits des Lech, findet sich der Augstgau, der von Augsburg bis zum Ammersee und den Kaufbeurer Raum reichte. Im nördlichen Teil lag der Riesgau.

In diesem ausgedehnten Gebiet um den Bodensee und seinen östlich anschließenden Bereichen schoben sich einige große Adelsgeschlechter in den Vordergrund. Die ‚Udalrichinger', wie sie nach ihrem Leitnamen Udalrich/Ulrich genannt wurden, waren bis ins 9. Jahrhundert hinein dominierend; sie ließen sich einerseits auf das alemannische Herzogshaus zurückführen, waren aber andererseits über Hildegard, die zweite Ehefrau Karls d. G., mit den Karolingern verschwägert und gewannen schon deshalb an Einfluss, bewiesen aber auch Loyalität gegenüber dem fränkischen Königtum. Als Ludwig der Fromme 819 Judith heiratete, stiegen die Welfen als konkurrierende Hochadelsfamilie auf; ihre Besitzschwerpunkte lagen einerseits im Linzgau in Oberschwaben und andererseits am Lechrain südlich von Augsburg.

Der königliche Grundbesitz lässt sich dagegen nur schwer fassen; man muss ihn aus der ‚Negativfolie' rekonstruieren, nämlich aus den Schenkungen, die weitergereicht wurden. Das Netz der Königshöfe findet sich vielfach in späteren Städten, so etwa in Kaufbeuren oder Mindelheim; eine gewichtige Königspfalz lag in Ulm. Besser erkennbar wegen der guten klösterlichen Überlieferung ist die zweite prägende Kraft, die Reichskirche. Für das Bistum Augsburg, dessen Bischöfe zunehmend zu wichtigen Stützen der Reichspolitik wurden, ist um 810 ein Verzeichnis des Grundbesitzes überliefert, das einen quantitativen Eindruck vermittelt: es umfasste nicht weniger als 1006 von Freien und 421 von Leibeigenen bebaute, dazu 80 unbebaute Hofgüter. Die großen Klöster – abgesehen vom Besitz außerhalb Ostschwabens gelegener Abteien wie Reichenau oder St. Gallen, aber auch des weit entfernten Fulda, das im Ries begütert war – entfalteten sich zu weiteren wichtigen Stützpunkten des Reiches. Allen voran stand Kempten, das von der Kaisergemahlin Hildegard und ihrem Sohn Ludwig dem Frommen große Güterkomplexe geschenkt erhielt und damit aufstieg; ähnlich wurde auch Ottobeuren durch die Karolinger gefördert.

So ist es wohl nicht übertrieben, Ostschwaben in dieser fränkischen Zeit als ausgeprägtes Reichsland zu charakterisieren – auch wenn es nur zeitweise wie unter Ludwig dem Deutschen (826–876), der sich sehr häufig in seiner Regensburger Residenz aufhielt, auch räumlich in die Nähe des Herrscherhauses rückte.

Hochmittelalter: Herrschaftsbildung in der Region

Der Untergang des Karolingischen Großreiches an der Wende zum 10. Jahrhundert ging überall mit einer stärkeren Regionalisierung der Politik vor sich, nicht zuletzt auch deshalb, weil die Gefährdung von außen, in Süddeutschland durch die zahlreichen und verheerenden Einfälle der Ungarn, nur über die regionale Politik aufgehalten werden konnte. In Schwaben bedeutete das – wie im benachbarten Bayern – das Wiederaufleben der herzoglichen Gewalt in einem karolingischen Teilreich, nun unter dem Namen ‚Herzogtum Schwaben'. Das Gegenüber mit der Reichskirche aber blieb als Grundkonstante bestehen, sodass das Reichsbistum Augsburg in dem Moment zum Gegengewicht werden konnte, als die Herzogsgewalt sich zu verselbständigen drohte.

Noch einmal: Herzogtum Schwaben und Reichsbistum Augsburg

Erneut war der Bodenseeraum das Zentrum der Entwicklung – die Pfalz Bodman, die Wahlwies und der Hohentwiel gelten als herzogliche Vororte; wieder war also unser Schwaben nur der östliche Teil. Denn das Herzogtum, der *ducatus* als Amtsgewalt, reichte so weit, wie die *lex Alamannorum* angewandt wurde; diese *provincia* oder *regio* Schwaben hatte freilich nur mehr bedingt mit alten ‚Stammesgrenzen' zu tun, sondern war durch politische und rechtliche Grenzen definiert. Dazu gehörten – sehen wir vom Elsass ab, dessen Zugehörigkeit schwankte – neben dem zentralen Bodenseegebiet sowie Oberrätien mit der alten Bischofsstadt Chur, zeitweise auch der Vinschgau; die Grenze gegen Bayern im Osten war durch die Zugehörigkeit der Klöster St. Mang, Kempten und Ottobeuren bis hinauf nach Ellwangen zu Schwaben belegt. Die Herzöge stammten alle aus der karolingischen Reichsaristokratie und stützten sich auf Reichsgut; sie waren ‚Amtsherzöge' der königlichen Gewalt. Auch wenn der wahrscheinliche erste Herzog Burkhard († 911) aus dem einheimischen Adel stammte, so konnte dieses Geschlecht der Hunfridinger doch keine ausgeprägte Dynastie bilden, denn der Wechsel der Familienzugehörigkeit vollzog sich relativ schnell. Schon Burkhard II. (917–926) unterwarf sich 919 dem König, 926 kam mit Hermann I. aber ein Landfremder zum Zuge, und das blieb mit wenigen Ausnahmen so bis in die Mitte des 11. Jahrhunderts – nur in Zeiten schwacher Könige pochte der einheimische Adel auf die Wahl aus seinen Reihen. Auch wenn die Herzöge auf die Mitwirkung des regionalen Adels angewiesen waren, dem sie vorstanden, so blieben sie doch primär auf das Königtum orientiert, von dem sie ihre Legitimation erhielten.

Was hatten sie dann zu entscheiden? Nach innen standen sie den ‚Landtagen' vor, zu dem die Adeligen (auch der Kirche) berufen wurden, sie schlichteten im Herzogsgericht die Streitigkeiten, um den Frieden zu wahren, notfalls auch mit gewaltsamen Mitteln. Dabei stützten sie sich auf ihre Vasallen, auf die Burgen als befestigte Punkte, und die Grafschaften, die sie teilweise vom König selbst übertragen erhielten; und sie beanspruchten, über die Reichskirche – die Bistümer und Klöster – verfügen zu können. Das Ganze blieb freilich eine sehr labile Konstruktion, die je nach Konstellation in die Richtung einer Königsprovinz oder einer eigenständigen regionalen Herrschaft tendierte.

Damit wird auch verständlich, warum in Ostschwaben die Reichskirche eine so entscheidende Rolle spielte. Bezeichnend war etwa, dass Herzog Burkhard II. mit dem bedeutendsten Augsburger Bischof des 10. Jahrhunderts, Ulrich I. (923–973), einen eigenen nahen Verwandten präsentierte, der dann von König Heinrich I. bestätigt wurde. Er stammte aus dem Adelsgeschlecht der Hupaldinger, das in Wittislingen (bei Dillingen) saß, und wurde zu einer der stabilsten Stützen der Reichspolitik unter den Ottonen, mit denen er seinerseits verwandtschaftlich verbunden war. Das zeigte sich beispielsweise, als 952 Liudolf, der Sohn Ottos I. und Herzog von Schwaben (949–953) sich gegen seinen Vater erhob und sich dabei auf einen Großteil des schwäbischen Adels stützen konnte; die Auseinandersetzung spielte sich zu einem erheblichen Teil in Ostschwaben ab – und Bischof Ulrich wurde zur Schlüsselfigur für das sächsische Herrscherhaus.

Bischof Ulrich, der schon bald nach seinem Tod 993 heiliggesprochen wurde – es war die erste formelle kirchliche Kanonisation überhaupt –, war als standesbewusster Reichsbischof ein energischer Herrscher und eine konsequente geistliche Führungsfigur gleichermaßen. In St. Gallen ausgebildet und schon von seinem Vorgänger Adalbero (887–909) gefördert, der bereits als ein maßgeblicher Berater der letzten Karolinger in der Reichsgeschichte agiert hatte, galt er als „kantige Persönlichkeit" (Georg Kreuzer): Der Aufbau der Kirchen und Klöster in der Bischofsstadt Augsburg und in der Diözese – in Zeiten ungarischer Beutezüge vielfach zerstört – lag ihm ebenso am Herzen wie die Sorge um die kirchliche Organisation, die Ausbildung des Klerus in der Domschule und die Überwachung ihrer Disziplin in Synoden und bischöflichen Visitationen – wobei er nicht selten selbst auch beschwerliche Reisen durch seine Diözese unternahm. Ganz zeitgemäß war Ulrichs ausgeprägter Reliquienkult, zum Frömmigkeitsbild der Zeit gehörte aber auch das Leben in tiefer Spiritualität und die Bemühungen um die Armen, bis hin zur Zuschreibung der zahlreichen Wunder, die uns sein erster Biograf Gerhard anschaulich schildert.

Die andere Seite war der Reichsfürst Ulrich: Als solcher griff er mitunter hart in die Reichsklöster ein, um sie unter seiner Oberhoheit zu halten. Gemäß der zentralen politischen Rolle, die der Kirche im ottonischen Kaiserreich zukam, stellte sie einen erheblichen Teil des Reichsheeres bei den Aufgeboten zu den Kriegszügen. Die Beteiligung an der Schlacht gegen die Ungarn im August 955 gehörte also zu Ulrichs bischöflichem Aufgabenbereich – und hat als ein weiteres entscheidendes Ereignis zu seinem Ruhm beigetragen. Er organisierte zum einen die Verteidigung der belagerten Stadt Augsburg, zum anderen trug sein Aufgebot im kaiserlichen Heer zum Sieg über die Ungarn bei.

Bischof Ulrich und die Schlacht auf dem Lechfeld

„Der heilige Bischof aber hatte eine sehr große Menge bester Ritter bei sich innerhalb der Umwallung der Stadt versammelt. Durch ihre Regsamkeit und Kühnheit stand die Stadt mit Gottes Hilfe stark und fest da. Als sie sahen, dass das Heer der Ungarn die Stadt zur Eroberung einschloss, wollten sie ihnen vor der Stadt entgegentreten. Aber der Bischof war damit nicht einverstanden, sondern ließ das Tor, durch das man am leichtesten eindringen konnte, fest verschließen. Das Tor an der Ostseite aber, von dem man zum Fluss [Lech] geht, wurde von den Ungarn im Kampf so dicht besetzt, dass diese glaubten, sie könnten jeden Augenblick eindringen. Die Ritter des Bischofs leisteten ihnen vor dem Tor mannhaft kämpfend Widerstand ... In der Stunde des Kampfes aber saß der Bischof auf seinem Pferd mit der Stola angetan, mit kleinem Schild, Panzer oder Helm bewehrt und blieb inmitten der von allen Seiten um ihn schwirrenden Speere und Steine unberührt und unverletzt."
Nach dem Heranrücken des Heeres von König Otto ging er diesem entgegen: „Als nun der König das gewaltige Heer der Ungarn sah, glaubte er nicht, dass es von Menschen überwunden werden könnte, es sei denn, der allmächtige Gott wollte sie töten. Auf seine Hilfe vertrauend und gestärkt durch die trostvollen Reden seiner Fürsten begann er mannhaft den Kampf mit ihnen zu führen, und nachdem in wechselseitigem Gemetzel auf beiden Seiten [viele] fielen und die getötet waren, die von Gott zum Tod bestimmt waren, wurde von Gott, dem nichts unmöglich ist, der ruhmreiche Sieg König Otto gegeben, so dass das Ungarnheer die Flucht ergriff und keine Kampfkraft mehr hatte." (Gerhard, Vita Sancti Uodalrici)

Die Legende stilisierte ihn dann später zu einem neuen Konstantin, weil sein Vertrauen in das Kreuz den Sieg bewirkte habe. Er selbst stellte sich voll in die Tradition der Verehrung der Märtyrerin Afra und seines Vorgängers im Bischofsamt Simpert, sodass diese Trias der Bistumspatrone bis heute weiterwirkt.

Auch unter den salischen Königen blieb Schwaben ein Land der Krone: Das Herzogtum selbst wurde innerhalb der Familie oder an königstreue Vasallen vergeben, Augsburger Bischöfe kamen vielfach aus der ‚Hofkapelle', der zentralen Kanzlei des

Die Ungarnschlacht 955, dargestellt auf der Rückseite des Gehäuses für das Ulrichskreuz von Nikolaus Seld. Augsburg, 1494.

Königs, und als nach dem frühen Tod Kaiser Heinrichs III. 1056 seine Witwe die Regentschaft für den noch unmündigen Sohn führte, war Bischof Heinrich II. (1047–1063) ihr vertrauter Berater. Ein eindeutiges Indiz für den hohen Stellenwert, den Augsburg für die sächsischen und salischen Könige hatte, sind ihre Aufenthalte, weil sich in ihnen die Herrschaftsausübung des Wanderkönigtums spiegelt: War Otto I. nur dreimal da, so stieg die Zahl bei Heinrich IV. auf 13 und bei Friedrich Barbarossa auf 12 Termine. Die Bezeichnung *Alemanniae metropolis* am Beginn des 12. Jahrhunderts mochte also aus königlicher Sicht ihre Berechtigung haben. Die Könige hielten Hoftage und Reichsversammlungen in der Bischofsstadt ab, und auf den Italienzügen versammelten sich Heer und Gefolge in der Regel auf dem Gunzenlê bei Augsburg.

Mit Augsburg verbunden war nicht zuletzt der Zugang zu den Pässen der Zentralalpen; Reschen und Brenner gewannen im Hochmittelalter sichtlich an Bedeutung. Vor diesem Hintergrund ist die Förderung der bischöflichen Macht zu sehen: Mit dem ‚Wildbann', den Heinrich IV. 1059 der Augsburger Kirche verlieh, war es den Bischöfen möglich, im oberen Lechtal einen beträchtlichen Ausbau ihres Herrschaftsbereichs zu erzielen und die Zugänge zu den Pässen zu sichern. Tatsächlich konnte sich Heinrich IV. in dem Streit mit dem Papsttum Gregors VII. über die Einsetzung der kirchlichen Würdenträger, der unter dem Stichwort ‚Investiturstreit' in die Geschichte eingegangen ist, auf Bischof Embriko (1063–1077) verlassen. Doch dann verfiel Schwaben tief in die Parteiungen und Kämpfe: Dem königstreuen Bischof Siegfried (1077–1096) stand mit Wigolt ebenso ein unversöhnlicher Gegenbischof gegenüber wie sich für das Königtum in Schwaben eine Fürstenopposition formierte, die der schwäbische Herzog Rudolf von Rheinfelden (1057–1079) und Herzog Welf I. von Bayern anführten. Schwere Kämpfe erschütterten Schwaben für Jahrzehnte und verwüsteten das Land; besonders Augsburg hatte unter den Angriffen Welfs und seines Bischofskandidaten Wigolt zu leiden, weil er die Stadt als wichtigen Eckpfeiler seiner Herrschaft auf dem Lechrain unter Kontrolle bringen wollte. Ihm stand wiederum der schwäbische Herzog Friedrich I. von Staufen gegenüber, der seine eigene und die königliche Position von seinen Stützpunkten in Innerschwaben aus zu festigen suchte. Erst mit dem Wormser Konkordat von 1122 flachten die Auseinandersetzungen zwischen Kirche und weltlicher Gewalt wieder ab.

Adel und Klöster

Im 11./12. Jahrhundert war Schwaben ein Land der Klöster und Burgen, Adel und Bauern prägten als Herrscher und Beherrschte die Gesellschaft; auch die Kirche wurde zu dieser

Zeit von adeligen Bischöfen und Äbten angeführt, selbst wenn die monastischen Ideale prinzipiell standesübergreifend wirkten.

Die Klosterlandschaft wurde zunächst von den Benediktinern bestimmt, und die alten Reichsabteien entfalteten ihre Rolle als Zentren. Kempten hatte zu seinen frühen Schenkungen und Privilegien 853 von Ludwig dem Deutschen mit der *Marca Campidonensis* einen eigenen Rechtsbezirk ausgegliedert bekommen, was unter Kaiser Friedrich II. 1213 mit seiner Verleihung der Grafschaftsrechte weitergeführt wurde. Die Abtei Kempten war damit „Modell … für die politische Erschließung eines von den Verkehrszentren abgelegenen Randgebietes" (Hansmartin Schwarzmaier). Nun war es dem Kloster möglich, den Landesausbau mit einer planmäßigen Rodungstätigkeit in den vorgegebenen Grenzen der Kemptener Mark voranzutreiben, getragen von den adeligen Amtleuten des Klosters.

In Ottobeuren zeichnet sich demgegenüber ein anderes Modell ab: Auch hier betonte man den Bezug zum König, doch die Einbettung in die fränkisch-ottonische Königsherrschaft beinhaltete noch keine ausgeprägten Herrschaftsrechte. Besitz von einzelnen Gütern und Dörfern kam durch Schenkungen des umliegenden Adels zusammen – zum Teil traten sie auch in das Kloster ein und brachten ihn mit. Er konnte nach und nach zur Fläche verdichtet und mit Herrschaftsrechten angereichert werden; der Herrschaftsaufbau erfolgte also ‚von unten nach oben'.

Diese beiden Beispiele stehen zusammen mit St. Mang in Füssen und St. Ulrich und Afra in Augsburg, Irsee bei Kaufbeuren und Elchingen bei Ulm für die traditionsreichen alten Klöster und Stifte, denen Fultenbach und Holzen als kleinere an die Seite gestellt werden können. Mit dem 11. Jahrhundert kamen aber auch neue spirituelle Impulse von außen in die Region. Angeregt durch die Reformbewegung aus Cluny in Burgund und Gorze in Lothringen über Hirsau im Schwarzwald verschob sich die Zielsetzung wieder mehr auf die geistliche Orientierung unter Zurückdrängung der bestimmenden Rolle der Laien – die *libertas ecclesiae*, die Freiheit der Kirche, war das Schlagwort. Einer ihrer wichtigsten Orden waren die Augustinerchorherren, die mit dem Stift Rottenbuch (um

1073) eine Stärkung der Seelsorgeaufgaben anstrebten, erhebliche Breitenwirkung in Süddeutschland entfalteten und sich mit Wettenhausen und St. Georg und Hl. Kreuz in Augsburg auch in Ostschwaben niederließen.

Im 12. Jahrhundert drangen zudem die Reformzweige der Prämonstratenser und Zisterzienser vor, bei denen eine Rückbesinnung auf die ursprüngliche Regel im Mittelpunkt stand und die ihren Zusammenschluss zu förmlichen Orden betrieben. Schon früh wurden in der Tradition der Augustinerregel Ursberg (1125) und Roggenburg (1126) von lokalen Adeligen gegründet, über das Mutterstift Rot an der Rot entstand 1147 durch eine Stiftung Welfs VI. Steingaden. Der benediktinische Reformzweig der Zisterzienser fand über Salem am Bodensee eine dichte Verbreitung im süddeutschen Raum; zu einem der bedeutenden Klöster wurde in direkter Filiation von Lützel im Elsass Kaisheim bei Donauwörth, das nach der Klostertradition um 1135 von Graf Heinrich VI. von Graisbach-Lechsgemünd ins Leben gerufen wurde. Seine Äbte übernahmen ihrerseits die geistliche Aufsicht über einige Frauenklöster, z. B. über die Zisterzen Oberschönenfeld westlich Augsburgs (um 1245) und Zimmern im Ries (1245). Sie alle entschieden sich bewusst für ein Leben in Abgeschiedenheit, erschlossen damit das Land und verbreiteten die landwirtschaftliche Intensivkultur.

Fast alle diese neuen Klöster und Stifte waren Gründungen des regionalen Adels, denn sie sollten nicht zuletzt als Hausklöster die Memoria und die Fürbitte für das eigene Geschlecht pflegen – der Adel besann sich immer stärker auf seine Abstammung, sah sich also als agnatischer Verband, der sich an seiner Stammburg verortete. In herausragenden Fällen wurde diese Herkunft von den Hausklöstern in schriftliche Form gebracht – die ‚Historia Welforum' ist dafür ein eindringliches Beispiel: Sie entstand um 1170 im Umkreis der Welfen, ihre älteste Handschrift stammt aus Altomünster, auch wenn bis heute umstritten bleibt, ob sie dort oder im Raum Ravensburg geschrieben wurde.

Und so verschränkte sich die Klosterlandschaft eng mit der Adelslandschaft Schwaben. Dabei war Adel ein differenziertes Phänomen, im Laufe der Zeit entstand daraus eine Hierarchie, die dann im Spätmittelalter deutliche ständische Abgrenzungen nach sich zog.

Zum gräflichen Hochadel zählten in Ostschwaben seit dem 9. Jahrhundert die schon genannten Udalrichinger und Hupaldinger, die sich in den Grafen von Dillingen fortsetzten, dann die Welfen und die Diepoldinger, aus denen die Grafen von Berg und Markgrafen von Burgau in Mittelschwaben hervorgingen. Im Allgäu wiederum gewannen die Herren von Ursin und nachmaligen Markgrafen von Ronsberg Bedeutung und an Lech und Donau die Grafen von Lechsgemünd. An den Grafen von Oettingen wiederum lässt sich sehr schön erkennen, wie sie ihre ursprünglich weit gefächerte Besitzlandschaft nach und nach auf einen Kernbereich im Rieskessel und auf seinen Randhöhen konzentrierten.

Eine zweite Gruppe, die Edelfreien, stammte entweder von Nebenlinien alter dynastischer Häuser ab und konnte über eigene Herrschaftsrechte verfügen; sie erlebten aber auch als Vasallen der Großen, als Krieger *(milites)* im Königs- oder Herzogsdienst ihren sozialen Aufstieg. Zu ihnen gehörten etwa die Herren von Schwabegg im Augsburger Umland. Am Beispiel der Edlen von Eberstall, die auch auf der Reisensburg bei Günzburg saßen, wird sichtbar, wie ein solcher Aufstieg funktionierte: Sie erhielten Ämter und Vogteien über Kirchen- und Reichsgut übertragen, scharten dabei auch eigene Ministerialen um sich, standen aber gleichzeitig als Vasallen – der Welfen oder der Markgrafen von Burgau – in Abhängigkeit der Großen. Ganz ähnlich verhält es sich mit den Edlen von Rettenberg im Allgäu und den Herren von Neuffen-Weißenhorn im Ulmer Winkel. Im Ries spielten die Herren von Hürnheim und Lierheim noch längere Zeit eine eigenständige Rolle, ehe sie in den Oettinger Territorialverband integriert wurden.

Adel war also ein dynamischer Faktor in der Welt des hohen Mittelalters. Die Grenzen waren fließend und wurden durch Auf- und Abstieg vielfach überschritten. Viele Familien starben freilich aus und gerieten deshalb in Vergessenheit. Immerhin, die zahlreichen Burgen und Burgställe zeugen noch bis heute von der adeligen Vielgliedrigkeit Ostschwabens, dessen landwirtschaftliche Erschließung nicht zuletzt ihr Verdienst war.

Welfen und Staufer in Schwaben

Seit der Mitte des 11. Jahrhunderts vollzog sich in Schwaben und Bayern eine bemerkenswerte Veränderung: die Herzöge kamen wieder aus ihrer Region. In Schwaben war 1079 Friedrich von Staufen eingesetzt worden, aus einem Geschlecht, das ursprünglich aus dem Ries kam – um 1000 sind mit ihrer Burg Wallerstein die Grafen im Riesgau belegt, die heute als Vorfahren Friedrichs von Büren gelten. Um 1040 heirateten sie in das Gebiet ein, dessen Güter nun die Besitzgrundlage abgaben: am Nordrand der Alb im Fils- und Remstal um die Stammburgen Hohenstaufen und Büren (Wäschenbeuren), mit den Städten Göppingen und Schwäbisch Gmünd und dem Hauskloster Lorch – und weiteren Besitz im Elsass. Um die gleiche Zeit wurde 1070 Welf IV. als Herzog von Bayern – dort nun als Welf I. gezählt – eingesetzt, der seinerseits die jüngere Linie der Welfen begründete und aus der Ehe der Kunigunde mit Markgraf Azzo von Este in Oberitalien abstammte. Die Besitzungen dieses Hochadelsgeschlechtes umfingen gleichsam Ostschwaben: Ein Schwerpunkt lag im alten welfischen Stammland um das Hauskloster Altdorf-Weingarten und die Burg Ravensburg, ein zweiter zog sich am Lechrain von Mering über Peiting und Alt-Schongau nach Süden bis in den Raum Füssen.

Beide Familien wetteiferten um die Vorherrschaft in Süddeutschland, wobei die jeweilige Herzogsgewalt und der damit verbundene Reichsfürstenstand eine willkommene Erweiterung ihrer Basis bedeutete und gleichzeitig den potentiellen Aufstieg in die Königswürde signalisierte. Dass ein drittes Geschlecht, die Zähringer, im äußersten Südwesten am Oberlauf der Donau, im Breisgau und in der Nordschweiz die gleichen Ambitionen hegte, komplizierte die Lage noch mehr – aber das lag außerhalb unserer Region.

Das Ringen um die Vorherrschaft war programmiert, und Ostschwaben war ein wichtiges Feld, in dem sich die Interessen überschnitten, zumal wir mit diesen Familien in eine Phase der mittelalterlichen Geschichte eintreten, in der sich die Ausformung der Territorialgewalt abzuzeichnen begann. Es dauerte ein gutes Jahrhundert, bis die Weichenstellungen zugunsten der Staufer getroffen wurden: Für diese Zeitspanne, in der beide Familien ihr Herzogtum jeweils weitgehend in der Hand behielten, spricht man in Bayern von einem welfischen Jahrhundert und in Schwaben von der staufischen Ära.

Dabei war Friedrich von Büren von Kaiser Heinrich IV. eingesetzt worden, um als Stütze des Reiches in dieser Region zu wirken – als Gegenpol zur süddeutschen Fürstenopposition; nicht umsonst hatte der Staufer seine Tochter Agnes zur Frau erhalten. Das Herzogtum Schwaben hatte zuvor Berthold, der Sohn Rudolfs von Rheinfelden, an sich gerissen, und das hieß, dass sich Friedrich erst einmal durchsetzen musste. Noch 1092 wurde mit Berthold II. von Zähringen ein Gegenherzog vom antikaiserlichen Adel gewählt, der seinerseits im südlichen Schwaben eigene Landtage einberief. Und in Ostschwaben saß Herzog Welf I. „Kein Wunder, wenn schwäbische Quellen förmlich von ‚Herzogen der Schwaben' *(duces Sueborum)* sprechen" (Klaus Schreiner). Als schließlich zwischen 1096 und 1098 ein Ausgleich zustande kam, war das Ergebnis eine Aufteilung Schwabens in Interessensphären: Die Zähringer erhielten die Reichsvogtei über Zürich und nannten sich nun Herzöge von Zähringen nach der Burg nördlich von Freiburg, Welf, der Herzog von Bayern, beherrschte nach wie vor das Gebiet nördlich des Bodensees und nannte sich nach der Ravensburg, und Friedrich von Staufen, der Herzog von Schwaben, war auf das Gebiet nördlich der Donau beschränkt, erhielt aber mit Ulm eine wichtige Stadt zuerkannt, die nach Süden orientiert war.

Aus einem Herzogtum waren drei geworden, die sich allerdings grundlegend von dem alten schwäbischen Herzogtum unterschieden: Sie waren nur mehr auf das jeweilige eigene Herrschaftsgebiet bezogen, nicht mehr auf Gesamtschwaben. Immerhin, Friedrich hatte sich durchgesetzt. Aber seine Herzogsgewalt war nun anders definiert: Seine herzoglichen Landtage wurden auf Dauer nur mehr von den Großen besucht, die zum eigenen Herrschaftsbereich gehörten; nur noch ‚seinen' Adel konnte er zum Heerbann aufbieten, und auch der Schutz über die Kirchen und Klöster wurde zunehmend auf sein Gebiet bezogen. Verortet man die Teilnehmer der Herzogslandtage um 1140 und 1185, so zeigt sich sehr klar, dass sich der Kreis zunehmend auf den Raum zwischen Neckar und Bodensee verengte und auch aus Ostschwaben nur mehr die Grafen von Kirchberg an der Iller und die Grafen von Berg (Ronsberg) aus dem Allgäu vertreten waren (Helmut Maurer).

Diese neue räumliche Begrenzung der schwäbischen Herzogsgewalt, die sich herauskristallisierte, weil nur so der Konflikt lösbar war, korrespondierte aber mit einer zunehmenden Verdichtung der Herrschaft. Für die Staufer begann sie mit Herzog Friedrich II. dem Einäugigen (1105–1147) zielstrebig als Burgen- und Städtepolitik. Der Vorstoß nach Südosten erfolgte 1129/32 zunächst mit einem, wenn auch erfolglosen Angriff von Ulm aus auf die welfischen Zentren in Oberschwaben, dann unter seinem Sohn Friedrich III. (1147–1152) – ehe er König ‚Barbarossa' wurde – mit politischen Mitteln: Die Vogtei über Stadt und Hochstift Augsburg 1168 brachte einen äußerst wichtigen Stützpunkt ein, auf den auch die Welfen zielten, zudem trat eine ganze Reihe von Adelsgeschlechtern Schwabens auf seine Seite. Der Sprung auf die Ebene des Königtums bot eine glänzende weitere Chance zum Landesausbau, brachte er doch auch die Reichsgüter ein, die zusammen mit dem Haus- und Herzogsgut eine dichte Herrschaft ermöglichten.

Um die Bedeutung dieses Vorgangs einschätzen zu können, ist aber zunächst der Blick auf die andere Seite notwendig, auf die der Welfen. Ihre Rolle in Altbayern war durch den Kampf um das Herzogtum bestimmt – das soll hier nicht weiter verfolgt werden. Doch auch in Ostschwaben waren sie zweifellos anfangs die gewichtigeren Herrscher: Neben den schon genannten beiden Besitzschwerpunkten im Linzgau und am Lechrain hatten sie zeitweise die Grafschaften im Inntal, am Eisack und im Pustertal sowie im Vischgau innegehabt, also die Passstraßen nach Süden kontrolliert, sie jedoch an die Bischöfe von Brixen und Trient abgeben müssen. Als nun Welf IV. 1070 das Herzogtum Bayern erhielt, bot sich für ihn seinerseits die Chance, den süddeutschen Machtausbau zu betreiben: Schrittweise erfolgte der Ausbau der welfischen Positionen auch in Ostschwaben. Schon 1025 war der Königshof Mering an sie gekommen. Altomünster fungierte als Hauskloster; die Gründung des Reformklosters Rottenbuch im Pfaffenwinkel um 1073 schuf ein weiteres wichtiges Zentrum, das mit umfangreichem Grundbesitz im Ammergau ausgestattet wurde.

Im 12. Jahrhundert wurde Welf VI. zur Schlüsselfigur: Um 1115/16 geboren, hatte er zunächst in Reichsitalien seine Machtbasis; aus der Teilung der Güter mit seinem Bruder Heinrich dem Stolzen resultierte der Besitz in Schwaben, doch erst um 1160 verlagerte er seine Präsenz hierher. Der gezielte Ausbau der schwäbisch-bayerischen Güter zu einer *terra Welfonis*, wie eine Quelle das bezeichnet, zog das gesamte Register der zeitgenössischen Möglichkeiten: Die Forsthoheit im Altdorfer Wald konnte er zu Rodungen nutzen, Ministerialen zur Verwaltung einsetzen – unter ihnen die Waldburg, Schmalegg, Fronhofen-Königsegg – , das steigerte die Effektivität des Besitzes. Zentrale Orte neben der Ravensburg als Hauptsitz und Peiting wurden die präurbanen Siedlungen, die Märkte und Burgen von Memmingen und Altenstadt (das alte Schongau). Indirekte Herrschaft bedeutete die Schutzvogtei über die Hausklöster; dazu gründete er 1147 – bevor er zum Kreuzzug aufbrach – die Prämonstratenserabtei Steingaden, erweiterte diese Vogteien um Zwiefalten, Rot a.d. Rot, Weißenau im Westen und Wessobrunn, Polling, St. Mang in Füssen im Osten; es gelang ihm sogar, die alte Reichsabtei Kempten in dieses Geflecht einzubeziehen. Einige potente Adelsfamilien wurden zu seinen Vasallen, neben den Herren von Mindelberg vor allem die von Ursin-Ronsberg. Damit war die Brücke zwischen den beiden alten Besitzschwerpunkten geschlagen. Und schließlich gelang auch die Exemtion von der geistlichen Aufsicht des Bischofs für Teile des Besitzes.

Es bietet sich ein Gesamtbild, für das der Begriff *terra* tatsächlich im Ansatz schon eine flächendeckende Herrschaft bedeutete, einen „frühen Territorialstaat“ (Pankraz Fried) oder vielleicht vorsichtiger: eine ‚präterritoriale‘ Herrschaft. Die adelige Hofhaltung mit den klassischen Hofämtern des Marschall, Truchsess, Kämmerer und Schenk spiegelt dieses Selbstbewusstsein, und man kann sich gut vorstellen, wie auf den Burgen höfische Kultur gepflegt wurde.

Stiftung des Klosters Steingaden durch Welf VI. – Fresko von Johann Georg Bergmüller über der Orgel in der Klosterkirche (heute Pfarrkirche) Welfenmünster in Steingaden, 1741/51.

Die Weiterentwicklung blieb freilich stecken: Welf VI., dessen Sohn 1167 auf einem Italienzug Barbarossas wie so viele andere Adelige an einer Seuche gestorben war, sah sich erbenlos. Sein Leben hatte einen Bruch bekommen, von dem er sich nicht mehr erholte: Er schickte seine Ehefrau Uta nach Calw zurück und führte ein Leben in „maßloser Trauer und grenzenloser Vergnügungssucht".

„Anderen Lüsten zu frönen ..."

> „Der ältere Welf konnte nach dem Tode seines Sohnes keinesfalls mehr darauf rechnen, von seiner Gattin noch einen Erben zu bekommen, zumal seine Liebe zu ihr gering war und er den Verkehr mit anderen Frauen vorzog. So hatte er nur noch das eine Streben, ein glänzendes Leben zu führen, dem Waidwerk zu obliegen, Tafelfreuden und anderen Lüsten zu frönen und durch Festlichkeiten und wahllose Vergabungen sich den Ruf der Freigebigkeit zu erwerben." (Historia Welforum, Fortsetzung)

Am Lebensende erblindet, holte er seine Frau zurück und starb 1191. Seinen Besitz erhielt aber nicht sein welfischer Neffe Heinrich der Löwe, sondern er war schon 1178/79 an seinen anderen Neffen Friedrich Barbarossa gegangen, den Sohn seiner Schwester Judith, und damit an die Staufer als rechtmäßige Erben, vorbehaltlich einer lebenslangen Nutzung.

Die Folgen für Schwaben waren immens: Zusammen mit dem eigenen Besitz und dem Reichsgut gelang den Staufern damit eine herrschaftliche Durchdringung, die Schwaben eindeutig zu ihrer Region machte. Die Instrumente waren dieselben wie bei den Welfen, aber die Dimensionen waren ungleich ausgreifender. Die welfischen Burgen und präurbanen Siedlungen wurden eingebaut in eine zunehmend flächige staufische Besitzlandschaft. Sie wurde unter den späten Stauferkönigen Friedrich II. und Konrad IV. weiter verdichtet. Die Zahl der Ministerialen erhöhte sich sprunghaft; ein ganzes Spektrum von derartigen Funktionsträgern, teilweise aus der Unfreiheit, teilweise aus dem niederen Adel stammend, zählte zur staufischen Dienstmannschaft – und sie erhielt nun die Chance zum gesellschaftlichen Aufstieg im Reich. Zu den Spitzen dieser Reichsministerialität gehörten etwa die Reichsmarschälle von Kallentin-Pappenheim, die neben ihrem Stammsitz an der Altmühl auch zeitweise im Donaumoos um Neuburg, dann in Biberbach, Druisheim und Rechbergreuthen zwischen Augsburg und Donauwörth saßen. Volkmar II. der Weise von Kemnat war als Kämmerer des Herzogtums Schwaben im Gebiet der Reichsstraße um Buchloe begütert. Im westlichen Oberschwaben bauten die Reichstruchsessen von Waldburg samt ihren

Zweigen der Herren von Tanne und der Schenken von Winterstetten ihre eigene weit verzweigte Herrschaftsbasis auf. Eng verbunden waren auch die Vasallen, die ihrerseits durchaus eigenständige Adelsherrschaften besaßen, aber Reichsdienste, z. B. bei den Italienzügen leisteten: die Markgrafen von Ursin-Ronsberg, von Berg-Burgau. Ganz neue Impulse nutzten die Staufer aber mit der Städtepolitik, die vom Allgäu bis ins Ries eine wirtschaftliche Dynamik entfaltete.

Gelingen konnte diese flächige Ausbreitung auch deshalb, weil die Staufer das Herzogtum Schwaben in ihre Reichspolitik integrierten und Schwaben zu einer zentralen Region ihrer weit ausgreifenden ‚Reichslandpolitik' machten: Nach der Übernahme der Königswürde, wurde das Herzogtum zunächst in der Familie weitergegeben, dann aber seit Kaiser Heinrich VI. (1190–1197) als Bestandteil der Königsherrschaft behandelt. Die Kehrseite der Medaille ergab sich zwangsläufig, als die staufische Linie ins Trudeln geriet.

Konradin – Land ohne Herzog

König Konrad IV. (1250–1254) starb schon mit 26 Jahren, seine Nachfolge war strittig – es begann die Zeit des ‚Interregnums', in dem die Königswürde zwischen den Interessengruppen zerrieben wurde. Sein Sohn und Nachfolger, der junge Konradin, hatte bereits den Rückhalt in Schwaben verloren. Er war auf wittelsbachischen Burgen aufgewachsen, weil seine Mutter Elisabeth, eine Schwester Herzog Ludwigs des Strengen, als Witwe in ihre Heimat zurückkehrt war. Nach ihrer Wiederverheiratung mit Graf Meinrad von Tirol übernahm der Onkel die Erziehung – und es war Ludwig sehr daran gelegen, das schwäbische Herzogtum an sich zu ziehen. Zehnjährig war Konradin 1262 zwar zum Herzog von Schwaben erhoben worden, doch es gelang ihm nicht mehr, die Lage zu stabilisieren. Das sizilianische Abenteuer, das dortige Erbe der Staufer gegen Karl von Anjou zu behaupten, kostete ihn 1268 in Neapel auf dem Schafott das Leben – die staufische Dynastie starb mit ihm aus.

Vor der Abreise hatte Konradin seinen Onkel Ludwig als Erben eingesetzt – und nun erhielt er zumindest einen beachtlichen Teil am Lechrain und an der Donau zwischen Lauingen und Neuburg, als ‚konradinischer Erbe'. Andere Inhaber von Herrschaften versuchten ihre Selbständigkeit unter dem unmittelbaren Schutz des Reiches zu behaupten, und daraus entwickelten sich die zahlreichen Einzelherrschaften in Ostschwaben, die bis zum Ende um 1800 dem Reich zugeordnet blieben, weil alle Versuche, das schwäbische Herzogtum wieder zu erwecken, an den Widerständen der jeweiligen Gegenpartei scheiterten.

Hatte Ostschwaben in der frühen Karolingerzeit und in der Zeit des römisch-deutschen Kaiserreiches seit den Ottonen eher ein Randdasein geführt, war es selbst in Zeiten des frühen Herzogtums zwischen den Zentrallandschaften des schwäbischen und bayerischen Dukats zu liegen gekommen, so war es seit den Staufern zu einen Schwerpunkt des Königtums in Süddeutschland geworden. Nun aber bestimmte die herrschaftliche Vielgestaltigkeit Schwabens für weitere Jahrhunderte seine Geschichte.

Mit dem Aufstieg der Ministerialität gewann die Welt des Adels in dieser Zeit eine neue Dynamik; dieses Verwaltungsinstrument der Könige, Herzöge und großen Dynasten, an der Spitze die Welfen und Staufer, wurde nicht zuletzt zum Träger der höfischen Kultur – am Welfenhof in Peiting, aber auch auf der Burg eines Reichsministerialen wie Volkmar dem Weisen auf Kemnat. Schwaben hatte Anteil an der höfischen Literatur dieser Zeit. Freilich sind es nicht die großen genialen Dichterfiguren, die wir in Schwaben finden, aber doch markante Vertreter wie die Minnesänger Meinrad von Sevelingen (Söflingen bei Ulm), Hiltbold von Schwangau und Ulrich von Winterstetten (bei Waldsee) oder Ulrich von Thürheim (bei Wertingen), dem Fortsetzer der großen Epen von Gottfried von Straßburg und Wolfram von Eschenbach.

Spätmittelalter: Modernisierung durch Urbanisierung

Seit dem ausgehenden 11. Jahrhundert, als die ersten ‚Bürger' in den Quellen auftauchten, begann ein stürmischer Prozess der Urbanisierung, der Schwaben seinen Stempel aufdrückte. „Denn sie lieben die Freiheit so sehr", diese Feststellung Ottos von Freising für die lombardischen Städte in Oberitalien lässt sich auch für Schwaben verwenden: Bürgerliche Freiheit wurde zum Impuls für eine neue Lebensform, und die Ausprägung Ostschwabens als ‚Städtelandschaft' findet in Deutschland nur wenige Parallelen.

Schwaben als Städtelandschaft

Den Ausgangspunkt bildeten die Mutterstädte, und wie am Rhein oder in Regensburg war es auch hier die Bischofsstadt Augsburg, die als Vorreiter gelten darf. Die ‚präurbanen' Voraussetzungen – der zentrale Ort als Sitz eines Bischofs und diverser Stifte und Klöster mit ihren jeweiligen Bedürfnissen und damit auch verschiedenen Bevölkerungsgruppen – waren gegeben. Der Auslöser war der Investiturstreit: In dem umkämpften Augsburg trugen 1087 *cives*, Bürger, erheblich dazu bei, dass der Zugriff Welfs IV. scheiterte. Augsburg wurde zu einem ‚staufischen Hauptplatz' und entfaltete dabei im Kern zwischen dem Dom und der Benediktinerabtei St. Afra sowie in den Vorstädten *(suburbia)* ein deutliches Wachstum, das Ende des 12. Jahrhunderts in einer Ummauerung auch sichtbar wehrhafte Gestalt annahm.

Bürgerliche Freiheit begegnet eindrucksvoll im 1. Stadtrecht, das 1156 von Barbarossa bestätigt wurde: Der Bischof war zwar eindeutiger Stadtherr, er setzte den Stadtvogt als Gerichtsherrn und den Burggrafen zur Aufsicht des Marktes als seine ‚Beamte' ein, aber die *urbani*, die Stadtbewohner, unterstanden einem eigenen Recht. So werden bereits deutliche Anzeichen einer besseren Rechtsstellung gegenüber den Hörigen in den Grundherrschaften erkennbar, etwa im Erbrecht, auch wenn sie durchaus noch nicht alle Zeichen der Abhängigkeit abgestreift hatten. Das war für abhängige Handwerker aus dem Kreis der bischöflichen *familia* vor Ort ebenso eine Chance wie für Zuzügler vom Land. Die Führungsfiguren dieser Emanzipation vom Stadtherrn, die Ministerialität des Bischofs und des Reiches, konnten bis zur Mitte des 13. Jahrhunderts verschiedene Rechte dem Bischof entreißen oder von ihm abkaufen; sie bildeten einen Ausschuss von Räten *(consules)*, der ihre Interessen vertrat und schließlich in einem zähen und komplizierten Ringen ihre Rechtsgewohnheiten etablierte.

Augsburg war nur ein Prototyp – und ein komplizierter noch dazu –, ein anderer war die königliche Stadt Ulm. Hier stellte eine *villa regalis*, die königliche Pfalz des 9. Jahrhunderts, den Ausgangspunkt dar. Sie wurde in der ersten Hälfte des 11. Jahrhunderts als *oppidum*, als befestigter Platz, um das *palatium*, die Pfalz am Weinhof, von den Staufern als schwäbischen Herzögen übernommen und zum Mittelpunkt ausgebaut. In dieser *civitas* war der König unbestreitbar oberster Stadtherr und setzte seine Ministerialen als Beamte ein. Hier entwickelte sich der Typus der ‚Königsstadt'.

Ein dritter mochte Memmingen sein, denn hier wirkte das welfische Erbe nach: Das präurbane *oppidum* unter Welf VI. war bereits zu beachtlicher Form gediehen, als es 1191 an die Staufer kam. Sie konnten die alten Strukturen weitgehend übernehmen und mit einem eigenen Ammann an der Spitze versehen – *officialis* wird er 1216 genannt, 1223 war es ein *minister*. Erstaunlicherweise haben die Welfen den Sprung zur Stadt in Schwaben nicht vollzogen, weder in Memmingen, noch in Ravensburg oder Schongau, wo Altenstadt mit seiner imposanten Michaelskirche die Vorstufe bildete; nun wurden die Orte zu Städten erhoben.

Diese drei Prototypen fanden bis zur Mitte des 13. Jahrhunderts eine Multiplizierung; man kann mit Fug und Recht sagen, dass die Staufer mit ihrer Reichslandpolitik die Grundlage für das Städtenetz in Schwaben geschaffen haben. Aus verschiede-

Siegel der Stadt Ulm: Reichsadler mit der Inschrift SIGILLUM UNIVERSITATIS CIVIUM IN VLMA, 1244. – Stadtarchiv Ulm.

nen Wurzeln erwachsen, wurden sie seit König Rudolf von Habsburg (1273–1291) schließlich den ‚Reichslandvogteien' zugeordnet; die Gruppe von 13 Reichsstädten mit den sechs Allgäustädten Memmingen, Kaufbeuren, Kempten, Leutkirch, Isny und Wangen, den drei Bodenseestädten Lindau, Buchhorn und Überlingen sowie den vier heute württembergischen Städten Ravensburg, Biberach, Buchau und Pfullendorf wurden zeitgenössisch als ‚oberschwäbische Reichsstädte' zusammengefasst. Staufischen Ursprungs waren aber auch die Donaureihe von Gundelfingen über Lauingen und Höchstädt bis Donauwörth und die Rieser Städte von Harburg und Nördlingen bis Giengen und Dinkelsbühl sowie das südlich gelegene Füssen.

Schließlich ist noch die Gruppe dazu zu zählen, die von der adeligen staufischen Klientel bis ins späte 13. Jahrhundert zu urbanen Mittelpunkten gemacht wurde, etwa Mindelheim und Wertingen, sogar Buchloe, das freilich später diese Qualität wieder verlor. Lediglich Dillingen und Oettingen waren Gründungen von Hochadeligen für ihre Stammsitze. Wie eng die Städte untereinander vernetzt waren, zeigen die wechselseitigen Übernahmen des Stadtrechts, es bildeten sich regelrechte ‚Stadtrechtsfamilien', die nicht nur die großen untereinander verbanden, sondern auch die kleinen mit einbezogen – so wurde Memmingen 1288 mit Überlinger und 1296 mit Ulmer Recht begabt, gab seinerseits als ‚Oberhof' Rechtsauskünfte für Wurzach und Mindelheim.

Das Ziel dieser Bürgergemeinden war eine größtmögliche Autonomie. Im Laufe des Interregnums gelang es den meisten, ihre Stellung so weit zu festigen, dass danach König Rudolf von Habsburg mit Privilegien ihre Selbständigkeit bestätigten musste, war er doch auf ihre Unterstützung angewiesen. 1276 bestätigte er Augsburg seine Rechte, die in einem Stadtbuch aufgezeichnet wurden: Nun waren Satzungsrecht, Finanzhoheit und militärische Gewalt in Bürgerhand, der Bischof war an den Rand gedrängt und die Bürgerstadt war eine Kommune unter dem Schutz des Königs geworden. Aber auch die zahlreichen Königsstädte lösten sich ihrerseits auf diesem Wege von dem Zugriff ihres Stadtherren, und schrittweise erreichten auch sie eine Autonomie, sodass sie nun ebenfalls als ‚Reichsstädte' gelten konnten, die nur mehr zu Steuer und Mannschaftsaufgeboten herangezogen wurden. Die anderen wurden in die Territorien integriert, wurden ‚Territorialstädte' – und blieben dem Zugriff ihrer Fürsten und Herren sehr viel mehr erhalten; nicht selten kontrollierten diese den Stadtrat und die Finanzen, auf jeden Fall aber behielten sie die Gerichtsbarkeit in der Hand. Was in Bayern die Regel war, blieb in Schwaben neben dem Bischof den Dynasten vorbehalten, an vorderster Stelle den Herzögen von Bayern, die ihr staufisches Erbe an der Donau und am Lechrain nicht zufällig mit den dortigen Städten erschlossen.

Wo liegen die Gründe für diesen immensen Urbanisierungsschub? Im Spannungsfeld zwischen Oberitalien und Nordwesteuropa entfaltete sich damals die Geld- und Kreditwirtschaft – und daran war auch Oberdeutschland beteiligt. Zu Recht hat man von einer „Wirtschaftspolitik Friedrich Barbarossas" gesprochen, die im Zuge einer „Monetarisierung aller Lebensbereiche" den systematischen Aufbau von Märkten und Messen betrieb (Johannes Fried). Ostschwaben war als *terra imperii* eine besonders wichtige Region, in der sich diese Bestrebungen verdichteten. In ihr wird eine frühe Messelandschaft mit der Pfingstmesse von Nördlingen (1219), dem zweiwöchigen Jahrmarkt in Eichstätt (1199) und dem alten Markt (Donau-)Wörth (seit 1030) erkennbar, die in den jeweiligen Städten ihre Ergänzung durch eintägige Jahr- und Wochenmärkte fand. Dass die Reichsstraßen zu den Verkehrsadern staufischer Politik gehörten, knüpfte an ihre Funktion für die Italienzüge an, hatte aber nicht zuletzt auch mit dieser Wirtschaftspolitik zu tun. Dem Nord-Süd-Verkehr an die Seite zu stellen ist der Ausbau der Ost-West-Trassen für den Salzhandel von Reichenhall nach Westen, für den ihrerseits die Welfen ihre präurbanen Zentren angelegt hatten.

Suchen wir nach den Hintergründen, so wirkte sich zweifellos der hochmittelalterliche Bevölkerungsanstieg aus: Basierend auf dem wärmeren Klima (einer etwa 1–2° C höhere Durchschnittstemperatur), fassen wir ihn zumindest im Landesausbau durch Rodungen in den bisher noch ausgedehnten Wäldern auf den Randhöhen der Niederungen und im Allgäu – das wurde schon angedeutet – und in einem generellen Wachstum der Dörfer. Damit hing eine Auflösung der großen geistlichen und adeligen Großgrundherrschaften zusammen, deren Bauern nach besseren Lebensbedingungen suchten, sei es gegenüber ihren Herren, sei es durch Abwanderung in die werdenden Städte.

Das sind generelle Tendenzen. Ein weiterer wesentlicher Aspekt aber lag in den regionalen wirtschaftlichen Impulsen. Man hat die Gründung dieser Städtelandschaft auch in den Zusammenhang mit der Entstehung einer Gewerbelandschaft bringen können: In oberitalienischen Notariatsregistern – in

Bozen und Genua – finden sich Notizen, dass schon seit etwa 1200 schwäbisches Leinen als Exportware über Italien im gesamten Mittelmeerraum vom Schwarzen Meer und Syrien bis nach Marokko gehandelt wurde; gegen Ende des Jahrhunderts waren schwäbische Kaufleute auch auf den berühmten Messen der Champagne. Derartige Exportware musste auf einem eingespielten Handwerk basieren und wurde von erfahrenen Kaufleuten vermarktet. So zogen die Schongauer als ehemalige welfische Dienstleute nach Augsburg und Bozen, um dort Handel zu treiben; die Langenmantel aus Augsburg nahmen mit ihrem Kapital wichtige Zollstellen am Brenner, an der Straße nach Südtirol, in Pacht. Viele Städte richteten im 14. Jahrhundert Bleichen, Mangen und die Schau für die Warenprüfung ein, um mit genormten Produkten die Märkte zu bedienen. Und die Handwerkerzünfte, an der Spitze die Leinenweber, formierten sich.

Der entscheidende Durchbruch kam aber erst mit der zweiten Hälfte des 14. Jahrhunderts. Eigentlich wird diese Zeit gemeinhin unter das Stichwort ‚Krise des Spätmittelalters' gestellt, weil nach dem Überschreiten des Gipfelpunkts im Landesausbau und ersten Krisenanzeichen von Hunger und Krankheiten der massive Einbruch des ‚Schwarzen Todes' die Welt aus den Fugen geraten ließ. Aus Mittelasien eingeschleppt, hatte sich die Seuche von Italien über das gesamte Europa ausgebreitet und erhebliche Lücken in die Bevölkerung geschlagen. Gegenmaßnahmen waren unbekannt – die Menschen flohen aus den Städten, wo die Seuche am heftigsten zu grassieren schien, Verzweiflung breitete sich aus, und Bußzüge der Geißler durchwanderten das Land; das flache Land drohte zu veröden, weil keine Bauern mehr die Felder bestellten. So wird das Szenario allenthalben beschrieben. Doch in Ostschwaben fehlen nicht nur die entsprechenden Nachrichten, vielmehr lassen sich mindestens von Augsburg aus nach Norden bis in dem Raum Nürnberg und im westlichen Altbayern keine gravierenden Einschnitte finden: Der ‚Schwarze Tod' fand hier offenbar nicht statt, es blieben ‚weiße Flecken', in denen das Leben weiterging. Erst später erfassten die Seuchenzüge auch Schwaben – und blieben bis ins 18. Jahrhundert regelmäßige Erfahrung.

Das Ausbleiben der Pest bot wiederum die Chance für einen wirtschaftlichen Aufschwung. Denn südlich der Alpen hatte die Pest tatsächlich gewütet und in manchen Städten bis zur Hälfte der Einwohner weggerafft. In der Lombardei und Venedig hatte sich schon seit dem 11./12. Jahrhundert eine Variante der Textilindustrie etabliert, die auf dem Import von Baumwolle aus dem östlichen Mittelmeer basierte: die Produktion des aus dem arabischen *(fustagne)* stammenden Barchent, einem beliebten Mischgewebe aus Leinenkette und Baumwolldurchschuss. Aber nun fehlten die Arbeitskräfte, denn der lukrative Baumwollimport ging weiter und brauchte neue Produktionsstätten. Schwäbische Kaufleute dürften die entscheidenden Initiatoren für einen bislang beispiellosen Transfer der Webtechnik nach Süddeutschland gewesen sein; jedenfalls konnte er sich schnell seit den 1370er-Jahren in Schwaben durchsetzen und die europäischen Märkte erobern. Längerfristig, d. h. bis zur Mitte des 15. Jahrhunderts konzentrierte sich die Herstellung sogar auf die mittelschwäbische Kernlandschaft im Städtefünfeck Augsburg – Ulm – Biberach – Memmingen – Kaufbeuren, während die anfänglich noch sehr aktiven Nördlinger und Lauinger Weber im Laufe der Konjunkturschwankungen wieder auf andere Sorten, auf Loden bzw. Leinen, umstiegen.

Die schwäbische Textilgewerbelandschaft war entstanden – und sie sollte das Schicksal dieser Region bis ins ausgehende 20. Jahrhundert bestimmen. Ihre Merkmale lassen sich schon um 1400 sehr genau beschreiben: Kaufleute-Unternehmer aus den größeren Städten erwarben in Venedig oder Genua Baumwolle, ließen sie über ein ausgeklügeltes Transportsystem – die Rott – über die Alpen bringen, vergaben sie an Handwerker zum Verspinnen und Verweben, übernahmen die Fertigware und schleusten sie – vorwiegend über die großen Messestädte wie Frankfurt a. M. oder Köln – in den Markt. Standardisierte Verfahren und genormte Größen, die in der städtischen Schau geprüft wurden, sorgten für den Ruf der Qualität. In diesem sog. Verlagssystem wurden die Weberhandwerker zu Lohnarbeitern.

Aber sie arbeiteten nicht nur in den Städten, sondern fertigten auch auf dem Land Garn und Rohware – das Bleichen und Appretieren, ggf. das Färben vollzog sich in den Städten. Zwar stemmten sich die städtischen Weberzünfte immer wieder gegen diese Form der Arbeitsteilung, aber es gelang ihnen in der Regel nur, die *Gäuweber* in einer gewissen Entfernung von der Stadt ins Hinterland zu verdrängen. Dennoch war damit gleichzeitig auch ein akutes Problem gelöst: Für die gewachsene und nur beschränkt durch spätere Pestwellen beeinträchtigte Landbevölkerung, die sich nicht mehr von der Landwirtschaft allein ernähren konnte, bot sich der Ausweg, sich auf der Basis einer ‚kleinen Landwirtschaft', den so genannten Sölden oder Selden, mit dieser Zuarbeit für die Textilzentren ernähren zu können– und bei Gelegenheit in die Stadt abzuwandern.

Die ‚Aufsteiger'

Einer dieser Landweber war Hans Fugger; *Fucker advenit*, hieß es lapidar im Augsburger Steuerbuch von 1367, er war in die Stadt gezogen, um dort sein Handwerk auszuüben und die Chancen in die Hand zu nehmen. Die bescheidenen Anfänge führten tatsächlich bald über die Weberzunft und eine günstige Heirat zum sozialen Aufstieg. Freilich hielt er sich bis ins 15. Jahrhundert in Grenzen; die ‚Großen' in diesem Wirtschaftsboom waren noch andere: Patrizier wie Bartholomäus III. Welser oder Jakob Herwart, Kaufleute wie Lienhard Pfister oder Ott Mülich, Mitglieder der Weberzunft wie Ulrich Artzt – sie alle zählten zu den ‚Reichen' der Stadt; einige wenige aber waren darunter, die offensichtlich als Aufsteiger dieses lukrative Geschäft eingestiegen waren.

Verdichtung der Städtelandschaft

Nun erhielt das Netz der Städtelandschaft weitere Ebenen: Zunächst war es eine Vielzahl von kleinen und kleinsten Städten, die von den Adeligen im Lande ihre neue Rechtsqualität, genauer: vom König entsprechende Privilegien erhielten. Eine ganze Gruppe lässt sich in die ersten Jahrzehnte des 14. Jahrhunderts datieren, als in der Auseinandersetzung um die Königswürde der Wittelsbacher Herzog Ludwig von München – später unter dem Beinamen ‚der Bayer' bekannt – gegen Friedrich den Schönen von Habsburg seine Klientel in Ostschwaben mit solchen Privilegien bedachte: etwa die Güssen von Leipheim oder die Neuffen in Neuburg a. d. Kammel – insgesamt zehn Fälle, die sich rekonstruieren lassen.

Dann aber folgte ab 1380 bezeichnenderweise ein neuer Typus: der Markt, die im süddeutschen Raum vielfach zu beobachtende Form einer ‚Minderstadt'; ihr Merkmal war die Privilegierung mit Markt und Hochgericht, und die wurde von den Herrschaftsträgern, Adel und Klöstern bzw. Stiften, initiiert. Freilich ging es nun nicht mehr um die bürgerliche Freiheit, sondern um den herrschaftlichen und wirtschaftlichen Mittelpunkt. Schon bis 1440 – in der ersten Boomphase des Barchent – sind 13 derartige neue Märkte entstanden, fast alle in Mittelschwaben, dann verbreitete sich dieses Phänomen weiter im Allgäu und im Ries, nachdem ein neuer Aufschwung begonnen hatte. Sie waren die Sammelorte für das auf dem Land hergestellte Flachsgarn und die Produkte seiner Verarbeitung; ihre Markttermine wurden in Kleinregionen von 10 bis 12 Orten genau aufeinander abgestimmt. Insofern stellten diese Märkte die unterste Stufe der Urbanisierung dar; sie zogen auch bald kulturelle Funktionen an sich, denn in ihnen finden sich – neben den Städten – schon im 15. Jahrhundert die ersten Elementarschulen.

Patrizier und Zünfte

Freilich war dieses Bürgertum kein einheitlicher Stand, sondern ein komplexes gesellschaftliches System. Die alte Führungsschicht des 12./13. Jahrhunderts, die zunächst allein den Rat besetzte, erhielt durch den wirtschaftlichen Aufstieg eine Konkurrenz, die eine Partizipation an der Entscheidungsgewalt einforderte. Diese ‚Bürgerkämpfe' können wir am besten in den Reichsstädten verfolgen: Sie setzten ein, als in Augsburg die

Familie Stolzhirsch mit einer Klientelgruppe 1302 die Macht an sich reißen wollte. In Ulm trat Ulrich Kunzelmann in den 1320er-Jahren als „Volkstribun großen Stils" (Horst Rabe) auf, der zusammen mit den dortigen Zünften einen Umsturzversuch inszenierte; erst 1345 gelang ein erster Ausgleich und schließlich 1397 im ‚Großen Schwörbrief' eine dauerhafte Lösung. Um die Jahrhundertmitte kulminierten die Auseinandersetzungen: in Memmingen (1347), Kaufbeuren (um 1350), Lindau (1345/47) und Ravensburg (vor 1352). Überall eroberten die Zünfte den Rat und zwangen sogar die bisher allein ratsfähigen Geschlechter eine eigene Zunft zu bilden, eine ‚Großzunft' oder ‚Herrenzunft'. In Augsburg kam es nach ersten Ansätzen um 1340 erst 1368 zum ‚Zunftkampf'; hier orientierte man sich an Ulm und Straßburg und zog einen Kompromiss vor, in dem Zünfte und ‚Herren' sich die Macht im Rat teilten.

Zunftkampf

In dem namen unsers lieben herrn Jhesu Christi. 1368 jar auf Montag vor Simonis et Jude [23. Okt.] *da erhueb sich ain großer auflauf hie zu Augspurg in der stat. dem was also: sich hett gesamlet ain groß volk mit gewapneter hand und kamen auf den Berlach* [das Zentrum der Stadt mit dem Rathaus] *und sprachen, sie wöllten zumft haben* [eine Zunftverfassung] *und machen mit guetem frid, und niemant solt kain forcht noch sorg han weder leibs noch guets, wann sie wollten recht tuen und guet ordnung setzen und machen und gueten fried mit gottes und aller fromen menschen hilf und wollten in nemen und han der stat buech* [das Stadtrecht] *und alle freihaitbrief* [Privilegien] *und insigl diser stat, alle schlüssl zu den toren und den schlüssl zu der sturmgloggen. das alles geschach mit willen und mit guetem frid, und also giengen arm und reich mit ainander auf den Berlach und schwuern zunft zu haben hundert jar und ain tag und namen auß des hailigen römischen reichs recht und des bischofs recht* [die Rechte der beiden Stadtherren]. *und der sach aller was redner und vormund Haintz Weiß, der was auf die zeit der weber kellermaister.* (Chronik des Burkard Zink)

Zweifellos bedeuteten diese Vorgänge eine Stärkung der Gemeinde bzw. ihrer Vertreter, auch wenn sich auf Dauer überall die potenten Kaufleute und Patrizier durchsetzen konnten; denn nur sie verfügten über die nötige ‚Abkömmlichkeit' von Kontor oder Handwerksstube, gab es doch noch keine Diäten für die Sitzungen. So verschob sich im Laufe des 15. Jahrhunderts überall die Macht immer stärker auf einen Ausschuss, der als ‚Geheimer Rat' die Geschäfte betrieb.

Der Aufstand der Handwerker in Augsburg 1368. – Federzeichnung in einer anonymen Chronik von St. Ulrich und Afra.

Die Zünfte als Zusammenschlüsse von Handwerkern zu Verbänden, die ihre internen wirtschaftlichen Belange und soziale Hilfestellungen vereinbarten, waren schon seit längerem verschiedentlich zu erkennen. So bestimmte etwa die Leineweberordnung von Ulm 1346 zunächst den Zwang zum Zunftbeitritt für alle, die das Handwerk treiben wollten, und legte die Überwachung der Produktion und die Überprüfung der Ware nach vorgegebenen Normen sowie Bußgelder bei Verstößen fest. Später standen Bestrebungen im Mittelpunkt, die Abgrenzung gegenüber Nachbargewerben zu präzisieren; diese Probleme zogen sich bis ins 16. Jahrhundert hinein, weil die Differenzierung der Handwerke und die Sorge um die eigene ‚Nahrung', das Auskommen, immer gravierender wurden, weil der Nachwuchs Stellen einforderte.

Neben dem Textilsektor hatten sich in Schwaben unterschiedliche Schwerpunkte des Gewerbes herausgebildet: In Nördlingen kristallisierte sich die Herstellung von Leder und seine Verarbeitung durch die Säckler, Gürtler und Nestler als zweites Standbein heraus, wobei sich die Pfingstmesse als guter Absatzmarkt erwies; ihn nutzte auch die lokale Holzverarbeitung für die Massenware vorgefertigter Gebrauchsmöbel. Ganz ähnlich entfalteten sich die Sichel- und Sensenschmiede im Raum Memmingen, basierend auf der Eisenzufuhr aus Kärnten und der Steiermark. Doch die Auseinandersetzungen zwischen städtischen und ländlichen Handwerkern – die (noch) nicht in Zünften inkorporiert waren – zogen sich wie ein roter Faden durch die Handwerksordnungen und verbanden sich vielfach mit dem Bestreben, über die Regelung des Marktes die Rohstoffzufuhr zu sichern. Erst nach und nach wurden auch die Ausbildungsgänge selbst – die Lehrjahre und Gesellenjahre, das Meisterstück – festgelegt, und das ist vielfach eher als Versuch zu werten, missliebige Konkurrenz auszuschalten als die Qualität zu sichern. Dennoch sollte man die Klagen des 19. Jahrhunderts gegen die zünftische Enge und Innovationsfeindlichkeit nicht einfach übernehmen, legte doch das differenzierte Handwerk die Grundlage für die Gewerbelandschaft Schwaben.

Besonders charakteristisch für die schwäbischen Reichsstädte aber war, dass seit dem 14. Jahrhundert aus Zünften Verfassungsorgane wurden. Vielfach traten sie erst jetzt in ihrer ganzen Breite in Erscheinung: Augsburg und Ulm standen mit 17 Zünften – neben den Herren – an der Spitze, in Memmingen waren es 12 – unter Einschluss der patrizischen Großzunft –, in Kaufbeuren lediglich 7 (einschließlich der Herrenzunft), in Nördlingen spalteten sich die anfänglichen 8 auf, sodass wir schließlich 12 vorfinden. Freilich waren sie überall sehr verschieden strukturiert: Vielfach gab es Sammelzünfte – oft bei den Kramern –, in denen die kleineren Gewerbe zusammengefasst wurden, auf der anderen Seite Spezialisierungen wie im Textilbereich. Arm und Reich fand sich in den regelmäßigen Treffen in den Zunfthäusern der Städte zusammen, und das war für die städtische Gesellschaft insofern wichtig, als damit die Kluft zumindest ansatzweise überbrückt werden konnte.

Arm und Reich

Scharfe Gegensätze zwischen Arm und Reich, ein Merkmal in den schwäbischen Städten, die vom Exportgewerbe des Textilsektors geprägt wurden, spiegelten sich in den Steuerbüchern: In Memmingen beispielsweise versteuerte 1450 die Masse von 63 % der Bürger lediglich bis zu 100 fl., aber nur 10% über 1000 fl, in Augsburg gehörten 1475 etwa $^{2}/_{3}$ der Bürger zu den *Habenitsen*, die nur eine kleine Kopfsteuer bezahlten, während die Spitzenvermögen über 3000 fl. nur mehr von 1,9% der Bürger aufgebracht wurden. Und die Polarisierung spitzte sich weiter zu!

Reichtum war allerdings nicht gleich Reichtum. Hinter diesen nüchternen Zahlen verbergen sich verschiedene Lebensformen. Einerseits waren es die Großkaufleute und Unternehmer, die ihre Vermögen anhäufen konnten. Der traditionelle Fernhandel mit Oberitalien für die Zufuhr von Waren aus der Levante – Gewürze aus dem Orient, Safran aus Mittelitalien, wertvolle Stoffe, Baumwolle etc. – sah die Kaufleute auf der schwäbischen Tafel des *Fondaco dei Tedeschi* in Venedig, aber auch in Mailand, Genua und in den lombardischen Städten. In die Gegenrichtung verlief der regelmäßige Warenaustausch über die Messen von Frankfurt nach Nordwesteuropa bzw.

über Nürnberg in den Nordosten und über Linz nach Südosteuropa. ‚Im Handel liegt der Gewinn', so lautet ein Grundsatz, der in diesem Metier zum Sprichwort wurde. Familienhandelsgesellschaften boten die Form, in der Kapital geschöpft und eingesetzt wurde; die bedeutendsten waren zweifellos die der Fugger oder der Welser – Letztere nach der Fusion mit den Vöhlin von Memmingen in den 1490er-Jahren. Dort wie in Ulm oder auch in Kempten ist eine Vielzahl solcher Gesellschaften greifbar, die ihrerseits wieder eng mit der *Magna Societas Alemanniae*, der Großen Ravensburger Handelsgesellschaft, in der Zeit zwischen 1380 und 1530 verbunden waren. Innerstädtische wie zwischenstädtische Verflechtungen banden die schwäbische Wirtschaft in enger Form zusammen.

Reichtum demonstrierten aber ebenso die führenden Familien des Patriziats; so nannte man in humanistischer Manier die alten Familien. Neben, manchmal auch statt des Fernhandels hatten sie seit dem 14. Jahrhundert in ländlichen Grundbesitz investiert und nicht nur einzelne Äcker, Höfe oder Zehnten aufgekauft, sondern ganze Dörfer samt grundherrschaftlichen Rechten. Im Laufe des 15. Jahrhunderts wurde derartiger Besitz oft langfristig in der Familie gehalten und arrondiert. Das Konnubium mit dem Landadel stellte sich ein, und damit begann eine ‚Aristokratisierung' der Lebensform, die manche Familien aus dem städtischen Lebensraum aufs Land hinauswachsen ließ. So kauften die Sättelin in Memmingen, über den Salzhandel groß geworden, Mitte des 15. Jahrhunderts die benachbarte Herrschaft Eisenburg auf und gaben teilweise dann das Bürgerrecht auf. Viele aus ihrem Kreis stellten auch die zentralen politischen Figuren der Städte in den Spitzenämtern wie im diplomatischen Verkehr nach außen.

Peter III. von Argon

Peter von Argon stammte aus der Augsburger Kaufmannsfamilie Egen, frühen Barchent-Unternehmern. 1437 wurde er mit etwa 24 Jahren bereits Bürgermeister aus den Zünften, versah verschiedene städtische Spitzenämter und diplomatische Missionen. 1442 vom

Kaiser geadelt nannte er sich nun Peter von Argon. In seinem repräsentativen Palais im Zentrum der Stadt, das auf seiner Fassade Szenen aus der Geschichte der Stadt Augsburg zeigte, beherbergte er 1431 König Sigismund, 1442 Friedrich III. 1445 stattete er das von seinem Vater Lorenz 1410 gegründete Spital St. Anton großzügig weiter aus. Er verließ allerdings 1444 die Stadt und sagte das Bürgerrecht auf, weil er sich von der Aufgabenfülle überlastet fühlte. Anschließend handelte er Sonderrechte aus und übernahm wieder wichtige Ämter, um dann endgültig aus dem Bürgertum auszuscheren. Von seinen ländlichen Besitzungen im Raum Burgau aus prozessierte er gegen den Rat wegen der ihm auferlegten Nachsteuer – und wurde in die Rittergesellschaft mit St. Jörgenschild aufgenommen. Er starb 1452; seine Töchter heirateten in den schwäbischen Niederadel ein, seine Söhne lebten weitgehend auf ihren Landgütern.

Im Laufe des 15. Jahrhunderts verfestigten sich die Standesgrenzen: Die Patrizier schlossen sich in eigenen Geschlechtergesellschaften vom übrigen Bürgertum ab. In Augsburg war das die ‚Herrentrinkstube', in Memmingen die Gesellschaft ‚Zum Goldenen Löwen', in Kempten die ‚Gesellschaft zum Straußen', in Lindau der ‚Sünfzen'. Zu ihren Tänzen wurden nur Mitglieder geladen – aber auch Landadelige. Dass dort nebenbei Geschäfte getätigt wurden, sodass man sie gelegentlich als Vorläufer der Börse eingestuft hat, ergab sich bei den Städten, in denen Patriziat und Handel sich verbanden wie in Augsburg.

Beiden Gruppen gemeinsam war aber der repräsentative Lebensstil: die Stadtpalais und die Stiftungen, von den einfachen Geldausschüttungen bis hin zu spezifischen Spenden wie den ‚Almosen der Schüsseln' für verarmte Handwerker, für Ewigmessen, Grabkapellen und Altäre, ja selbst für eigene Spitäler: So wie die Egen von Augsburg 1410 ihr Antonsspital stifteten, so die Vöhlin mit dem ‚Klösterle' 1490 ein Schwesternhaus in Memmingen, und die Fugger folgten 1516/21 mit der berühmten Fuggerei: Eingebunden in eine umfangreiche Stiftung von 1509 aus einer Prädikatur bei St. Moritz und einer Grabkapelle bei St. Anna erstand diese Sozialsiedlung in der Jakobervorstadt aus 53 Häusern mit je zwei Wohneinheiten für unverschuldet verarmte Bürger, die bis heute besteht.

Freilich gab es auch Randgruppen: Wer kein Bürgerrecht erwerben konnte, sondern nur ‚Einwohner' blieb, war häufig vom Abstieg in die Armut bedroht, der auch trotz einer umfangreichen und differenzierten Fürsorge nur mühsam abgefangen werden konnte; dazu kamen ‚Unehrliche' wie Henker und Abdecker, die ‚Aussätzigen' in den Leprosenhäusern. Ganz anders dagegen Juden: Sie siedelten sich in den schwäbischen Städten seit der Mitte des 13. Jahrhunderts an und bildeten eigene Gemeinden; sie waren ‚Fremde', zunächst aber durchaus akzeptiert, weil sie die Lücken im Fernhandel und Kapitalverleih schließen konnten – um 1300 gab es noch Konsortien mit christlichen Kaufleuten –, ehe sie aufgrund der Legendenbildung von Hostienfrevel, Ritualmord und Brunnenvergiftung in den verhängnisvollen Pogromen vielfach brutal vernichtet wurden. Ihre Folgegemeinden wurden immer mehr marginalisiert und dämonisiert, bis sie im 15./16. Jahrhundert ausgewiesen wurden: Augsburg machte 1438/40 den Vorreiter, Ulm folgte 1499, Nördlingen 1507, Donauwörth 1517.

Städte, Adel und Fürsten im Konflikt

Die Sprengkraft, die diese Dynamik der Urbanisierung in die mittelalterliche Gesellschaft brachte, war in Schwaben besonders groß. Den fürstlichen und adeligen Herrschaftsträgern liefen die Bauern davon, angezogen von der Aussicht auf persönliche ‚Freiheit binnen Jahr und Tag'. Dieser Rechtsgrundsatz beruhte im Prinzip darauf, dass sich bäuerliche Eigenleute, wenn sie nicht innerhalb einer gewissen Frist aufgefordert wurden, die Erlaubnis zum Abzug durch eine Ablöse zu erkaufen, nun auf den Schutz der Stadt berufen konnten. Viele Grundherren versuchten durch Verbote die Landflucht zu verhindern.

Andere Bauern orientierten sich in ihren Forderungen an der bürgerlichen Freiheit. Im Allgäu hatten in einer berühmt gewordenen Urkunde Rudolfs von Habsburg 1282 die ‚Bürger von Eglofs' die Rechte der Stadt Lindau verliehen bekommen

– 25 weitere kaiserliche und königliche Urkunden sollten bis 1521 folgen, in denen den Eglofsern ihre Privilegien erneuert wurden. ‚Bürgerliche Bauern' also – denn es gab nie eine Stadt Eglofs –, die persönliche Rechte wie das der Vererbung von Eigentum, der Beschränkung der Dienste und Steuern eben auch für bäuerliche Lebensformen reklamierten. Als sie von verschiedenen Herren unter ihre Gebotsgewalt gezogen werden sollten, versuchten sie sich als ‚Ausbürger' von Wangen abzusichern. Die Eglofser waren nicht die einzigen, die Freien auf Leutkircher Heide gehörten in die gleiche Kategorie, und auch auf dem Lechfeld gab es viele Freie, die sich in den Schutz der Stadt Augsburg begaben. Pfa(h)lbürger nannte man sie dort (die Deutung ist umstritten, evtl. war es eine Verballhornung des Lateinischen *cives falsi* = falsche Bürger, andere meinen, sie wohnten außerhalb des städtischen Rechtsbezirks, der mit Pfählen vermarkt war) und meinte damit Bürger, die auf dem Land wohnten, aber die Rechte und damit den Schutz der Stadt in Anspruch nahmen.

Mit dieser Durchlöcherung des Land- und Lehenrechts gerieten die Herrschaftsträger in erhebliche Bedrängnis, wollten sie doch ihrerseits im Spätmittelalter ihre Rechte gegenüber ihren Untertanen verstärken, um die Landeshoheit in ihrem Territorium zu gewinnen. So hatte beispielsweise Bischof Ulrich (II.) von Schönegg (1331–1337) von Kaiser Ludwig dem Bayern 1336 die Verpfändung der ‚Straßvogtei' südlich Augsburgs zugestanden bekommen – die nie mehr eingelöst wurde; damit konnte zusammen mit dem Allgäuer Besitz ein fast durchgehendes Territorium bis Füssen entstehen. Die Folge waren ständige Auseinandersetzungen zwischen Fürsten, Adel und Städten. Hatte Ludwig der Bayer (1324–1347) die Sache der Städte in Schwaben noch gestärkt und durch flächige Landfriedensbünde auch und gerade in Schwaben zu sichern versucht, so gehörten die schwäbischen Reichsstädte seit den Luxemburger Königen Karl IV. (1346–1378) und Wenzel (1378–1400) nicht mehr zu den Kerngebieten des Reiches – sie waren auch dazu bereit, nicht nur einzelne Rechte der Reichsstädte zu verpfänden, sondern sogar ganze Städte wie etwa Donauwörth, das 1376 an den Herzog von Bayern-München kam.

In diesem Kontext schlossen sich die schwäbischen Reichsstädte zu einem Bund der Abwehr zusammen: Der Schwäbische Städtebund, 1376 unter Führung Ulms ins Leben gerufen, umfasste schließlich 39 Mitglieder und griff weit nach Westen bis an den Bodensee und Rottweil sowie nach Franken aus. Im Bundesbrief vom 4. Juli 1376 schlossen sich 14 Reichsstädte zusammen, *gemeinen Nutz und Fryd zu fürdern, und den Schaden des gemeinen Guts zu wenden*; sie schworen einen heiligen Eid, sich wechselseitig beizustehen. Sie verstanden sich als das ‚Reich', das sie aus eigener Kraft verteidigen wollten.

Gleichzeitig vereinigten sich die schwäbischen Ritter zu Abwehrbünden, denn auch sie wollten sich gegen die Einbeziehung in die fürstlichen Territorien wehren. Ihre materielle Existenz war ohnehin gefährdet, sodass viele von ihnen den Ausweg als ‚Raubritter' suchten: Beschlagnahme von Waren und Gefangennahme mit anschließenden Lösegeldforderungen standen auf der Tagesordnung. Diverse lokale Scharmützel kulminierten schließlich seit den 1380er-Jahren im Krieg, der mit der Schlacht von Döffingen (bei Stuttgart) im August 1388 freilich die Niederlage der Städte gegen die Fürsten und Herren brachte.

Dies war allerdings nur der Höhepunkt einer ständischen Aufspaltung in Schwaben, denn trotz des Verbots im Landfrieden von Eger 1389 gingen die Bündnisse weiter, in wechselnden Zusammensetzungen bis zur Mitte des 15. Jahrhunderts. Auf der Gegenseite hatte sich der Adel in der ‚Gesellschaft mit St. Jörgenschild' 1406 neu formiert, die ungleich gewichtiger war als die früheren Ritterbünde. Es erscheint symptomatisch, dass der Streit um Pfal- und Ausbürger neben der Fehdetätigkeit des Adels im Mittelpunkt stand. Wieder liefen die Auseinandersetzungen auf einen Höhepunkt im 2. Städtekrieg von 1449/50 zu, der aber eher ein Bündel von lokalen Kleinkriegen war – allerdings verheerend genug, denn die wechselseitigen Kriegszüge zogen vor allem Plünderungen und Brandschatzungen der Dörfer nach sich.

Nach diesen Erfahrungen folgte die Einsicht in die Notwendigkeit des Ausgleichs, wie erste Bündnisse in der Nachbarschaft signalisierten, und zwar nicht nur wie bisher üblich der Städte untereinander, sondern auch zwischen den Ständen, etwa zwischen Nördlingen und Bopfingen mit Herzog Ludwig von Bayern-Landshut 1464 und 1471 oder zwischen Memmingen und Bayern sowie Tirol 1485. Sie bereiteten den großen Zusammenschluss von 1488 vor, den ‚Schwäbischen Bund': die Vereinigung der Reichsstädte mit den Adeligen des St. Jörgenschildes in Schwaben. Selbst wenn dahinter politische Motivstränge zu beobachten sind, nämlich der Versuch Kaiser Friedrichs III. (1440–1493), eine Frontstellung gegen das Vordringen der Wittelsbacher in Schwaben zu formieren, so ist doch andererseits eine pure Notwendigkeit aus den regionalen Bedürfnissen nicht zu übersehen: die gemeinsame Lösung der drängenden Alltagsprobleme. Schon 1476 hatten sich die oberschwäbischen Reichsstädte mit den Territorialstädten ihrer Nachbarschaft zu einem ‚Garnbündnis' zusammengefunden, das die Rohstoffversorgung für die gesamte Region zwischen dem Mindeltal und dem Bodensee regelte – der Ausgleich des ständischen Gegensatzes bahnte sich ganz pragmatisch an. Oberschwaben war auf dem Weg, selbst eine Wirtschaftsregion zu bilden. Der politische Zusammenschluss im Schwäbischen Bund bot nun darüber hinaus ein neues alternatives Modell zum Fürstenstaat: ein Bündnis der Städte, des Adels und der Klöster, dem sich letztlich die Fürsten ebenfalls nicht verschließen konnten und das die Konfliktpotenziale in den Hintergrund treten ließ. Dass gerade Schwaben diese Lösung hervorbrachte, war kein Zufall: Das Fehlen des Herzogs und die Entstehung vieler kleiner politischer Gebilde schlug nun auch politisch zum Vorteil um, so wie die gleiche Region wirtschaftlich längst eine Führungsposition errungen hatte.

Das 16. Jahrhundert: Schwaben als zentrales Reichsland

Nachdem die Habsburger die Königswürde im Heiligen Römischen Reich übernommen hatten – und über Jahrhunderte in ihrem Haus behielten –, begann vor allem mit Maximilian I. (1493–1519) ihre bevorzugte Präsenz in Schwaben: Seit dem Erwerb der Markgrafschaft Burgau (1301) waren sie dort Territorialherren geworden; nun bauten sie ihren Besitz zielstrebig aus mit der oberschwäbischen Landvogtei um Altdorf bei Ravensburg (erworben 1379/86, dann endgültig 1486) sowie der Herrschaft Weißenhorn und Kirchberg (1504) – die zwar 1507 an die Fugger weitergegeben wurde, aber dennoch im habsburgischen Lehensverband blieb. Zusammen mit dem weiter ins westliche Oberschwaben reichenden Besitz wurde dieser Teil unter dem Namen ‚Schwäbisch-Österreich' zusammengebunden – auch wenn es keine gemeinsame Verwaltungsbehörde gab, geschweige denn eine Residenzstadt mit einem Hof als gesellschaftlichem Mittelpunkt. Regiert wurde es zunächst von der Tiroler Linie in Innsbruck. Nicht immer ging dieses Gegenüber von habsburgischem Kaiser und habsburgischer Landesherrschaft ohne Reibungen ab – vor allem, solange Letztere von einer anderen Linie des Hauses ausgeübt wurde, etwa seit 1564 von Erzherzog Ferdinand II. und seinen beiden Söhnen Karl (von Burgau) und Kardinal Andreas. Erst als die Gebiete nach dem Aussterben der Tiroler Linie 1665 wieder an die Hauptlinie der regierenden Kaiser fielen, endeten diese Kontroversen.

Auf der Gegenseite und in deutlicher politischer Spannung dazu standen die wittelsbachischen Lande. Das spätmittelalterliche Vordringen der bayerischen Herzöge nach Westen war seit dem Konradinischen Erbe von 1268 zwar weiter gediehen, erfuhr jedoch insofern eine Veränderung, als nach dem Landshuter Erbfolgekrieg die Besitzungen an der Donau 1505 in einem neuen Fürstentum Pfalz-Neuburg aufgingen und einer

Pfälzer Nebenlinie zugesprochen wurde. Die Konkurrenz der Habsburger und Wittelsbacher blieb damit auch weiterhin ein Grundfaktor ostschwäbischer Politik.

Das Reich in der Region

Dennoch dominierte die Nähe der Habsburger zu Schwaben; sie war auf verschiedenen Ebenen zu spüren. Auf der einen Seite in ihrer Präsenz, denn die Kaiser kamen sehr häufig zu persönlichen Besuchen, zudem schufen die wirtschaftlichen und finanzpolitischen Beziehungen der schwäbischen Handelsgesellschaften ein dichtes Beziehungsgeflecht. Dass Schwaben aber nach den Staufern ein Reichsland geblieben war, zeigen nicht zuletzt die zahlreichen Reichsstände, deren Territorien die Kleinkammerung des Südwesten ausmachten: die Reichskirche, Reichsgrafen, Reichsklöster, Reichsstädte und die Reichsritterschaft.

Die Reichskirche war mit dem Fürstbistum Augsburg – Hochstift und Domkapitel – schon im Spätmittelalter zum größten Territorialherren geworden: Dazu gehörte der langgezogene Streifen entlang des Lech bis Füssen und ins Oberallgäu bei Oberstdorf und eine zweite etwas lockerere Besitzagglomeration zwischen Augsburg und der nunmehrigen Bischofstadt Dillingen. Seit dem ausgehenden 15. Jahrhundert residierte der Bischof weitgehend dort – um der Umklammerung durch die bürgerliche Reichsstadt in Augsburg zu entgehen – und etablierte dort seine weltliche Regierung und seinen Hof.

Dass sich die Reichskirche zu erheblichen Teilen als Pfründe des Adels verstand, ihre Repräsentanten Herrschaft ausübten, galt nicht nur für den Bischof und sein Domkapitel. ‚Krummstab und Schwert', geistliche und weltliche Herrschaft, verbanden sich auch bei den Fürstäbten von Kempten, die im 16. Jahrhundert einen eigenen ‚Renaissancehof' mit Hofstaat ausbildeten. Trotz der Zugehörigkeit zum Benediktinerorden behauptete der Konvent seine adelige Lebensform, verteidigte seine Adelsexklusivität vehement und war eher bereit, das Kloster in ein Chorherrenstift zu verwandeln, als den Zugang für die unteren Schichten zu öffnen. Pendents dazu, was die ständische Seite betrifft, finden sich neben den adeligen Kanonissenstiften St. Stephan in Augsburg und Edelstetten vor allem im Damenstift Lindau, dessen Äbtissin 1466 ebenfalls gefürstet worden war und das ausschließlich adelige Damen aufnahm.

Ständische Exklusivität war die eine Seite, Reichsunmittelbarkeit die andere, besonders charakteristische Seite der ‚Suevia Sacra'. Die Benediktiner von St. Ulrich und Afra in Augsburg, Ottobeuren, Irsee und Elchingen, das Zisterzienserkloster Kaisheim, die Prämonstratenser von Roggenburg und Ursberg, das Augustiner-Chorherrenstift Wettenhausen und auch die Kartause Buxheim erlangten nach und nach die Reichsunmittelbarkeit; freilich blieb sie vielfach umstritten, sodass oft jahrhundertelange Prozesse den Anspruch begleiteten. Wettenhausen trug den Konflikt um die Dominanz mit dem Haus Habsburg innerhalb der vorderösterreichischen Markgrafschaft Burgau aus, während etwa Ottobeuren mit dem Bischof von Augsburg um die Frage rang, ob es als Mediatkloster unter seiner Herrschaft stand oder in den Kreis der Reichsprälaten einzuordnen sei, und ganz ähnlich musste Irsee sich gegenüber der Fürstabtei Kempten als Inhaber der Vogtei zur Wehr setzen und die Zisterzienser von Kaisheim gegen die Einbeziehung in das wittelsbachische Nachbarterritorium. So gesehen signalisiert der Terminus ‚Geistlichkeit' bei diesen Prälaten zunächst eher eine Rechtsposition als eine spirituelle Lebensform. Immerhin hatte sich hier – im Gegensatz zu Kempten – schon seit dem Spätmittelalter durchgesetzt, dass sie aus dem Bürgertum oder der Bauernschaft kamen, nicht selten sogar aus dem eigenen Territorium. Andererseits waren diese Reichsklöster wiederum in die Verfassung des Reiches eingebunden – die Äbte gehörten zum Reichsprälaten-Kollegium und hatten damit auch Zugang zu den Organen des Reiches: zum Schwäbischen Kreistag, Reichstag, Reichskammergericht und Reichshofrat. Am wichtigsten blieb für sie freilich der Kaiser als Reichsoberhaupt und Schirmherr der Kirche, der ihnen im Zweifelsfall eine gewisse Sicherheit gewährleisten konnte.

Auf der weltlichen Seite standen die Reichsgrafen. Im Ries spielten die Grafen von Oettingen mit ihrem Territorium, das zwar in die beiden Linien Oettingen und Wallerstein gespalten (später noch in Spielberg und Baldern) und durch einige selbständige Herrschaften durchbrochen war, die dominante Rolle. Im westlichen Allgäu erwuchs aus der alten Grafschaft Montfort die Herrschaft Rothenfels, die 1565 an die Herren von Königsegg kam; sie wurden 1629 in den Grafenstand erhoben. Der Aufstieg der Fugger war mit der Erhebung Jakobs des Reichen (1459–1525) in den persönlichen Adel 1511, seiner Neffen und Nachfolger Raymund und Anton in den Reichsgrafenstand 1526/30 zu einem Höhepunkt gelangt, der auf dem Erwerb zahlreicher Herrschaften basierte: angefangen von Kirchberg-Weißenhorn (1507) über Biberbach (1514), Babenhausen (1539), Kirchheim (1551) bis Oberndorf und Nordendorf am Lech (1533/80) und Glött (ab 1533), um nur die wichtigsten zu nennen. Damit war der Übergang auch dieses Kaufmannsgeschlechts in den Landadel programmiert. Standesgemäße Lebensformen spiegelten bereits die Schlösser des 16. Jahrhundert als Zentren von Herrschaft und Repräsentation: die Fuggerschen Anlagen von Babenhausen (1541/46) oder Kirchheim (1580/82), bei den Oettingern die Residenzen in Oettingen und Wallerstein.

Als drittes Element hatte sich die Reichsritterschaft in Schwaben – wie in Franken und am Rhein– erst um die Mitte des 16. Jahrhunderts nach und nach unter dem Schutz des Kaisers korporativ formiert, mit der Ritterordnung von 1560, der Anlage der Matrikel und der Einteilung des Ritterkreises Schwaben in die Kantone Donau, Kocher bzw. Hegau-Allgäu-Bodensee (dazu kamen im Westen Kraichgau und Neckar-Schwarzwald-Ortenau) organisatorisch verdichtet und sich damit dem Zugriff der landesfürstlichen Territorialstaaten weitestgehend entzogen. In unterschiedlicher räumlicher Konzentration und mit unterschiedlich dichter Herrschaftsausübung, aber doch unverkennbar prägend für die Region durchsetzten ihre oft sehr bescheidenen Klein- und Kleinstherrschaften den schwäbischen ‚Flecklesteppich', angefangen von Amerdingen und Hochaltingen im Ries über die Herren von Freyberg, vom Stain, von Knöringen, von Welden in Mittelschwaben bis zu den Werdenstein und Syrgenstein im Allgäu. Der vielfach wechselnde Besitz reichte oft nicht aus, um die materielle Basis zu sichern, sodass erst der Dienst bei den Fürsten und Reichsstädten, nicht zuletzt aber in der vielfältigen Ämterhierarchie von Kaiser und Reich ein Auskommen möglich machte.

Schließlich die Reichsstädte, zugleich das Grundgerüst der Urbanität. Das hohe Maß an gemeindlicher Autonomie hatte schon Aeneas Silvio Piccolomini, den Humanisten und späteren Papst Pius II., in einem Brieftraktat von 1457/58 zu Deutschland euphorisch gestimmt: *Es gibt in Deutschland überaus reiche und volkreiche Städte, die man freie Städte nennt, weil sie nur dem Kaiser untertan sind, dessen Joch so gut wie Freiheit ist. Und wahrlich: nirgends in der Welt gibt es so große Freiheit, wie diese Städte sie genießen.* Tatsächlich konnten die Reichsstädte im schwäbischen Herrschaftsmosaik markante Stellen besetzten. Ihr Bezug zu Kaiser und Reich blieb die entscheidende Größe. Die Entrichtung der Reichssteuer und die Stellung von Kontingenten für das Reichsheer waren wichtige Merkmale – aber auch die Möglichkeit, Kaiser und Reich anzurufen, wenn ihre eigene rechtliche Stellung bedroht war oder Übergriffe in das eigene Gefüge zu beklagen waren. Gesandtschaften an den Hof wie kaiserliche Kommissionen sorgten für die wechselseitige Vernetzung – kurz, die Reichsstädte gehörten zur wichtigsten Stütze des Reiches in der Region, eröffneten damit aber auch dem Kaiser die Möglichkeit, in die städtischen Belange einzugreifen.

Eindrückliches Zeichen ihres Selbstverständnisses war die Verwendung von ‚Bildern des Reiches'. Nicht umsonst war der Reichsadler in Nördlingen an den Toren angebracht, um damit den Grafen von Oettingen die Grenzen ihrer Landeshoheit zu weisen; er symbolisierte am Elias Holl'schen Rathaus von Augsburg sowie in der Ikonographie seines ‚Goldenen Saals' den Stadtherrn, so wie die Darstellungen am Ulmer Rathaus die republikanischen Tugenden und die Ereignisse der Reichsgeschichte für ihre Bürger sichtbar machten.

Der politische Ausdruck dieser Struktur Schwabens wird zunächst noch im Schwäbischen Bund von 1488 sichtbar. Als er 1534 zerbrach, trat nach und nach der Schwäbische Reichskreis in diese Funktion eines regionalen Zusammenschlusses ein; als Zusammenschluss der Reichsstände war er nicht nur ein

Verwaltungsbezirk des Reiches, der dessen Beschlüsse durchzuführen hatte, sondern entwickelte immer mehr eigenständige politische Initiativen.

Augsburg als ‚heimliche Hauptstadt'

Ein untrüglicher Maßstab dafür, wo das Habsburger Kaisertum seine Zentren sah, lag in der Abhaltung der Reichstage. Wenn im 16. Jahrhundert Augsburg von den insgesamt 35 Reichstagen allein 12 in seinen Mauern beherbergte, dann spiegelt das seine Bedeutung eindringlich. Darunter waren solche mit besonders wichtigen Entscheidungen: die Reichsreform unter Maximilian I. 1500, die Vorbereitungen zur Wahl Karls V. 1518 – und am Rande das Verhör Martin Luthers durch den päpstlichen Legaten Cajetan –, die großen Reichstage der Reformationsgeschichte von 1530 und 1555, die Verhandlungen um die Türkenhilfe 1566 und 1582. Augsburg wurde zudem Sitz des Reichspfennigmeisteramts (zuständig für die Einnahmen der Steuern), das u.a. Georg Ilsung, Zacharias Geizkofler und Matthäus Welser innehatten – allesamt stammten aus Familien mit engen Beziehungen zu Augsburg.

Voraussetzung für die Wahl als Reichstagsort war das Vorhandensein einer geeigneten ‚Infrastruktur' für Kaiser und Fürsten und deren Gefolge, eine ausreichende Zahl von repräsentativen Herbergen, die Garantie einer gehobenen Versorgung bis hin zu den Vergnügungen. Die besonders enge Verbundenheit Maximilians I. mit der Stadt wurde Gegenstand des europäischen Hofklatsches: Am französischen Hof nannte man ihn spöttisch ‚Bürgermeister von Augsburg'. Weil er nicht zuletzt hier gerne zur Jagd ging, erwarb er 1501 sogar ein eigenes Haus, und die Stadt baute ihm 1514 einen Zugang über einen komplizierten Mechanismus, damit er auch nachts in die Stadt gelangen konnte. Und schließlich fand er in Augsburg auch einen kulturellen Mittelpunkt, der seine Selbststilisierung als ‚letzter Ritter' in einer vielfältigen künstlerischer Manifestation zum Ausdruck brachte – im Gebetbuch, im autobiografischen ‚Weißkunig', im Versepos des ‚Theuerdank' – woran der Augsburger Humanist und Stadtschreiber Dr. Konrad Peutinger, Künstler wie Jörg Breu d. Ä., Hans Burgkmair d. Ä. und Drucker wie Johann Schönsperger einen gehörigen Anteil hatten.

Fugger, Welser und andere

Die Stellung der Stadt basierte auf einem seit langem eingespielten wirtschaftlichen Beziehungsnetz, das im Tiroler Bergbau zur Silber- und Kupfergewinnung einen rasanten Aufstieg

Maximilian I. bei seinen Musikern. – Holzschnitt von Hans Burgkmair aus dem „Weißkunig", um 1516.

erlebte: Nach einem erster Vertrag der Gesellschaft Ludwig Meuting von 1456 mit Erzherzog Sigismund dem Münzreichen (1439–1490), in dem ihr gegen ein Darlehen von 35 000 Gulden die Silberausbeute der Schwazer Bergwerke zugestanden wurde, hatten die großen und kapitalkräftigen Handelsgesellschaften an der Wende zum 16. Jahrhundert die einheimischen Gewerke verdrängt; die Gossembrot, Stuntz, Baumgartner, Höchstetter, Herwart, Manlich und Bimmel und nicht zuletzt die Fugger, hielten die Mehrheit im Tiroler Bergbau und im Verhüttungswesen bis zu dessen Krise nach der Mitte des 16. Jahrhunderts.

Das Darlehensgeschäft mit dem Haus Habsburg resultierte aus dieser ökonomischen Struktur, und in einer Zeit, in der die Fürsten mit einem ‚System von Aushilfen' Politik machten und noch keinen geordneten Haushalt kannten, waren die Augsburger Bankiers als führende im Reich unverzichtbar. Spektakulärer Gipfelpunkt dieses Systems war die Kaiserwahl Karls V. 1519. Nur über ein Konsortium der Fugger, Welser und italienischer Banken, bei dem die Fugger den Löwenanteil von 543.585 Gulden übernahmen, war die immense Summe von 851.918 Gulden aufzubringen, um die Kurfürsten als Wähler zu gewinnen. Das daraus resultierende Selbstbewusstsein kommt in einem Brief Jakob Fuggers zum Vorschein, der im April 1523 schrieb: *Es ist auch wissentlich, und ligt am Tag das Eurer Kayserlichen Majestät die Römisch Cron außer mein nicht hätten erlangen mögen.* Man hat deshalb Jakob Fugger sogar in die „Vorgeschichte … der Finanzministerien" gestellt (Johannes Burkhardt). Damit hatte die Verflechtung freilich noch gar nicht den Höhepunkt erreicht, denn unter seinem Nachfolger Anton waren bis zur Mitte des 16. Jahrhunderts ca. 2 Millionen Gulden habsburgische Staatsschulden aufgelaufen – insgesamt schätzt man die Darlehen der Fugger an das Haus Habsburg auf fast 10 Millionen Dukaten.

Die Fugger waren freilich nur die ‚Spitze des Eisberges' der Augsburger Wirtschaft dieser Zeit, die man als ‚Zeitalter der Fugger' charakterisiert hat, und Augsburg seinerseits war erst zu dieser Zeit zur Metropole der schwäbischen Wirtschaftslandschaft aufgestiegen. Abgesehen von der Spitzenposition in der Textilproduktion und dem traditionellen Fernhandel zwischen Oberitalien und Nordwesteuropa kam nun auch der Handel mit Nordosteuropa, mit Danzig, Breslau und Krakau hinzu. Die zweite Säule des Bergbaus und der Kupferverhüttung hatte schon 1498 zu einem ersten Kupferkartell Augsburger Firmen geführt; bald beherrschten sie zusammen mit Nürnberg den europäischen Kupfermarkt. Die Produktionsstätten Tirol und Oberungarn bildeten die Basis dafür. Die Weiterverarbeitung des Kupfers wurde allerdings nur partiell selbst vollzogen – in Pflach bei Füssen hatten etwa die Höchstetter seit 1509 eine Messinghütte. Deren Versuch, ein Quecksilbermonopol aufzubauen – die vielfältige Verwendung von der Spiegelherstellung bis zur Medizin versprach hohe Gewinne –, scheiterte aber an der Fuggerschen Konkurrenz, sodass Ambrosius Höchstetter mit seiner Gesellschaft 1529 in Konkurs geriet. Eine neue Perspektive ergab sich aus dem Überseehandel, in den die Augsburger mit der Finanzierung der portugiesischen Gewürzflotte von 1504/05 einstiegen. Hier entfalteten die Welser ihre neue Domäne. Über Lissabon organisierten sie den Pfefferhandel mit Ostindien, betrieben Zuckerplantagen auf den Kanaren und Madeira und gründeten 1526 eine Faktorei auf Santo Domingo. Die Kolonisierung von Venezuela seit 1528 erwies sich freilich als weniger erfolgreich, blieb auf der Ebene von Eroberungs- und Beutezügen ins Landesinnere stecken.

Silberbergbau und Fürstendarlehen zogen den Kapitalmarkt nach sich: Mit der Übernahme des Kapitaltransfers der Kurie in Rom – der Gelder für Pfründenerwerb in den nordalpinen Diözesen ebenso wie der Ablässe – eröffnete sich eine weitere Komponente des expansiven Geldmarkts, für den wiederum neben Italien und der Börse von Antwerpen nun auch Nürnberg und Augsburg als Wechselplätze zunehmend europäischen Rang erreichten. Selbst die Konkurswellen seit der Mitte des 16. Jahrhunderts, die der Zahlungsunfähigkeit der französischen und spanischen Krone 1557 und diversen Absatzkrisen folgten, konnte weitgehend aufgefangen werden: Neue Familien aus der zweiten Reihe stiegen in der 2. Jahrhunderthälfte auf; auch wenn sie nicht mehr zu den ganz

Großen zählten, so sorgten sie doch für eine Fortsetzung der etablierten Geschäftsfelder.

Freilich war Augsburg mit all diesen Unternehmungen keine isolierte Stadt, abgehoben vom Umland und nur orientiert auf die politischen und wirtschaftlichen Zentren des damaligen Europa, sondern es war nach wie vor eingebettet in die schwäbische Städte- und Gewerbelandschaft.

Reformation und Bauernkrieg

Eine stark urbanisierte und gewerblich entwickelte Landschaft wie Schwaben im Brennpunkt des Reiches hatte nicht zufällig erheblichen Anteil an beidem: an der Reformation als einem städtischen Ereignis, weil die Reichsstädte mit der neuen Lehre in besonders intensiver Weise sympathisierten, gleichzeitig aber an den Unruhen der bäuerlichen Hintersassen, die sich im Kontext der Reformation auf das göttliche Recht beriefen und um eine Neugestaltung ihrer Existenz mit den Herren rangen. Beide Bewegungen verschränkten sich stellenweise zu einem mächtigen Potential, ehe die Reformation nach der Niederschlagung der bäuerlichen Revolution 1525 in ruhigeren Bahnen neue Wege ging.

Städtische Gemeinden öffnen sich

Schon in den 1520er-Jahren traf die Kirchenkritik Martin Luthers aus Wittenberg und Huldreych Zwinglis aus Zürich auf offene Ohren. In den Städten waren es gelehrte Prädikanten wie ein Urbanus Rhegius am Augsburger Dom und ein Johannes Frosch bei den Karmelitern oder ein Pfarrer Thomas Gassner in Lindau. Das geistige Klima erwies sich als aufgeschlossen, hatten doch die Humanisten in vielfältiger Weise den Reformdiskurs vorbereitet und begleitet; ein Stadtarzt wie Dr. Wolfgang Rychard in Ulm, der Augsburger Stadtschreiber Dr. Konrad Peutinger, aber auch namhafte Vertreter der Kirche wie der Domherr Bernhard Adelmann von Adelmannsfelden oder der

Dr. Konrad Peutinger (1465–1547), Augsburger Humanist und Stadtschreiber – Bildnis von Christoph Amberger, 1547. Sächsische Landes-, Staats- und Universitätsbibliothek Dresden.

Benediktiner von St. Ulrich Veit Bild bildeten den gelehrten Umkreis der Sympathisanten. Zudem hatte das neue Medium des Buchdrucks die Kommunikation sprunghaft gesteigert; Flugschriften und Bücher fanden massenhafte Verbreitung.

Dazu kam eine strukturelle Komponente: Das Kirchenrecht verhinderte, dass die Pfarrgemeinden ihre eigenen Belange verfolgen konnten. Sie wollten aber dafür Sorge tragen, dass die Stiftungen, die sie für ihr eigenes Seelenheil dotierten – Jahrtage, Ewigmessen, Ausstattungen der Altäre, Begräbnisse etc. –, auch tatsächlich vollzogen wurden. Denn *jederman wolt gen himl*, so brachte der Augsburger Chronist Burkard Zink die gesteigerte Frömmmigkeit des ausgehenden Mittelalters auf den Punkt. So genannte ‚Pfleger', die als Treuhänder die Gelder und Besitzungen verwalteten, waren schon seit dem 14. Jahrhundert eingesetzt worden, und aus ihnen waren Kerne einer Pfarrgemeinde der Laien geworden – doch auf die Besetzung der Pfarrstellen konnten sie oft keinen Einfluss gewinnen, geschweige denn die Geistlichen in die Bürgergemeinden integrieren. Insofern sah man in der Reformation eine Chance, aus Klerikern Bürger zu machen.

Schließlich reicherten die sozialen Spannungen, die in den Textilexportstädten Schwabens besonders gravierend ausfielen, die Forderungen nach Reformen mit politischem Zündstoff an: In Augsburg entlud sich der Konflikt in einem Aufstand der ‚Gemeinde' gegen den Rat, weil der den beliebten Franziskanerprediger Schilling ausweisen wollte, um die Situation zu entschärfen. In Memmingen hatten die Predigten des Christoph Schappeler eine Auseinandersetzung um den Zehnten entfacht, die den Rat insofern in Bedrängnis brachte, als damit die Grundherrschaft des eigenen Spitals getroffen wurde. Auch wenn nicht überall eine derartig impulsive Aufnahme des Rufes nach Erneuerung zu registrieren ist, der Anspruch einer ‚Gemeindereformation' war vielerorts in den schwäbischen Städten vorhanden. Das Abendmahl in beiderlei Gestalt wurde ausgegeben und damit der Schritt ins reformatorische Lager getan. In Memmingen fand am Jahreswechsel 1524/25 eine Disputation zwischen Altgläubigen und Anhängern der Reformation statt:

Fragen der Religion

„Der Memminger Rat entschied sich für das Religionsgespräch, in *der vnzweyffenlichen hoffnung der allmechtige got wer durch seinen hayligen gaist vnder vnd in denen, so in seinem namen versamlet seind.* Am 2. Januar wurde es eröffnet, in Anwesenheit von allen Geistlichen und den vier Doktoren der Stadt, einem Juristen und drei Stadtärzten, sowie allen Ratsherren; hinzu kamen *auß yeder Zunft ainer alls vonn ainer gemain wegen ...* Rat und Gemeinde sollten die Religionsfragen entscheiden. Die Religionsparteien wurden einem ‚Verhör' unterzogen, wie es in den Akten mehrfach heißt, und so konnte das Ergebnis nur ein von der Gemeinde und dem Rat gefälltes ‚Urteil' sein."
Tatsächlich verlief die Disputation eindeutig zugunsten Schappelers und der neuen Lehre – und die Kirche wurde neu geordnet. „Die Gottesdienste folgten der reformatorischen Liturgie und Theologie, die Geistlichen wurden in die Zünfte aufgenommen, besteuert, vor das weltliche Gericht gezogen und ihnen der Bürgereid abverlangt, die Bestallung neuer Prediger erfolgte gemeinsam durch den Rat und einen Ausschuss der Zünfte." (Peter Blickle)

Kaufbeuren ging zunächst ähnliche Wege, doch blieb der Rat letztlich zurückhaltend. Andere Städte verfuhren noch vorsichtiger, um nicht den Konflikt mit ihrem Stadtherrn, Kaiser Karl V., zu riskieren. Augsburg schlug einen *milten und mittleren weg* ein, wie ihn seine Graue Eminenz Dr. Konrad Peutinger propagiert hatte: Der Rat verlangte von seinen Bürgern friedliches Verhalten, verschob aber die Entscheidung; die Konsequenz daraus war, dass nun die Pfarrgemeinden die aktive Rolle übernahmen und evangelische Prädikanten bevorzugten.

Der Bauernprotest organisiert sich

Auf dem Land setzten die Bauern ihrerseits aus ganz spezifischen Interessen auf die neue Lehre: Sie wollten Luthers ‚Freiheit eines Christenmenschen' als Legitimation für das Streben nach Freiheit von der Leibeigenschaft verstehen und beriefen sich auf das ‚Göttliche Recht', um ihre Besserstellung zu begründen. Das hatte besonders im Allgäu ein ganz eigenes Gewicht: Hier waren die Herrschaftsträger, insbesondere der Fürstabt von Kempten, dazu übergegangen, mit Hilfe der Leibherrschaft ihre Territorien abzurunden, und dabei benützten sie mannigfaltige Mittel von Gewalt und List, um möglichst viele Untertanen zu Leibeigenen zu machen; das Kemptener ‚Leibeigenschaftsrodel' von 1525 gibt davon eindringlich Kenntnis. Der Protest organisierte sich überall in ‚Haufen' – ein aus dem Landsknechtsleben stammender Terminus –, zunächst der im Allgäu, der am See (nördlich des Bodensees) und der Baltringer aus der Gegend südlich von Ulm; ganz ähnlich verhielten sich die Bauern aus der Leipheimer Gegend, aus der Reischenau westlich von Augsburg und auf dem Lechfeld und – stärker nach Franken orientiert – die im Ries. Mit der Erstürmung von Burgen wollten sie Zeichen setzen, eroberten etwa die Burg Liebenthann des verhassten Kemptener Abtes, plünderten aber auch die Klöster von Ottobeuren, Kempten, Roggenburg und Weißenau.

Die Beschwerden der einzelnen Dörfer, säuberlich zusammengestellt, wurden im März 1525 im Kramerzunfthaus in Mem-

Dr. Christoph Schappeler, Prediger zu St. Martin und Reformator in Memmingen. – Kopie eines Bildes von 1551 in der Vadiana zu St. Gallen.

mingen redaktionell zu den berühmten 12 Artikeln verarbeitet – der Kürschnergeselle Sebastian Lotzer und der Prädikant Christoph Schappeler haben möglicherweise die Feder bei der Erstellung dieser „regionalen Basisforderungen" geführt, die sich über den Druck sehr schnell verbreiteten. (Peter Blickle)

Die „zwölf Artikel"

Zugrunde lag das Evangelium, das in allen Artikeln genau nachgewiesen wird: *Derhalben christlicher Leser, solliche nachvolgendt Artickel lise mit Fleyß, und nachmals urtail.*

1. Die Gemeinde soll den Pfarrer selbst wählen und ggf. absetzen; er soll das Evangelium *lauter und klar predigen one allen menschlichen Zůsatz, Leer und Gebot.*
2. Der rechte Zehnt vom Getreide gebührt dem Pfarrer und der Gemeinde; ein Kleinzehnt wird nicht entrichtet.
3. Die Leibeigenschaft soll aufgehoben werden: *Darumb erfindt sich mit der Geschryfft, das wir frey seyen und wöllen seyn.*
4. Die Jagd und der Fischfang sind frei.
5. Der Wald gehört der Gemeinde zur eigenen Nutzung für Brenn- und Bauholz.

6. Die Frondienste sollen auf ein erträgliches Maß reduziert werden.
7. Die Dienste der Bauern gegenüber den Herren sollen *in zymlicher weiß* festgelegt werden; benötigt ein Herr solche, so sollen sie angemessen belohnt werden.
8. Die Gült, die von den Gütern zu leisten ist, soll nicht zu hoch angesetzt werden, sondern im Konfliktfall von *erber leut* [ehrbaren Leuten] neu eingeschätzt werden.
9. Die Bemessung der Strafen bei Freveltaten soll nicht willkürlich, sondern nach ‚altem Recht' gehandhabt werden.
10. Die gemeindlichen Äcker und Wiesen sollen an die Gemeinde zurückgegeben werden.
11. Der *Todtfall* [die Abgabe beim Tod] soll gänzlich abgeschafft werden.
12. Sollte einer der Artikel wider das Evangelium sein, so *wolt wyr darvon abston, wann mans uns mit Grundt der Schrifft erklert.*

Der Frid Christi sey mit uns allen.

Nicht genug: Kurz darauf schlossen sich die Haufen zur ‚Christlichen Vereinigung' zusammen, verfassten eine Bundes- Predigt- und Landesordnung, um die *brüderliche Liebe* wiederherzustellen, ohne die gegebene Ordnung grundsätzlich in Frage zu stellen. Vielmehr lässt sich in ersten Umrissen ein Verfassungskonzept erspüren, das auf den Kommunen aufbauen sollte: „Gemeiner christlicher Nutzen und brüderliche Liebe" waren die Triebfedern, die Beiteiligung des *gemeinen mannes* an einer „landschaftlichen Verfassung" die Perspektive (Peter Blickle). Insofern zielte die Empörung auch auf den Zusammenschluss mit den städtischen Kommunen, genauer: auf deren einfache Zunftbürger, eben die ‚Gemeinden' und nicht die oligarchischen Räte.

Freilich setzte die Realität schnell Grenzen: Kleinere Landstädte wie Leipheim, Günzburg, Oettingen und Wemding nahmen Kontakt mit den Bauern auf und brachten ihre eigenen Klagen gegen die Obrigkeiten ein, doch förmlich schlossen sich nur wenige der bäuerlichen Bewegung an – in Württemberg und Tirol waren es demgegenüber mehr. Die Reichsstädte spalteten sich auf: Die größeren wie Augsburg und Ulm verschlossen sich ganz – Ulrich Artzt, der Augsburger Hauptmann des Schwäbischen Bundes, sah die Gefahr sehr genau: *Ich hab auch uf kein zunft mer sorg, dann allain uf die weberzunft, die wandlen an allen orten under die paurn und auch etwa vil liederlich volcks under inen haben, die gleich alß gern ufrur und zerrüttung sehen.* In Nördlingen lassen sich zumindest spontane antiobrigkeitliche und antiklerikale Affekte als Gemeinsamkeiten erkennen. In Memmingen aber kam es zur offenen Beteiligung der innerstädtischen Opposition, weil die Existenznot die ärmeren Bevölkerungsgruppen gewalttätig werden ließ. Eine wirkliche, auf Dauer angelegte und haltbare Kooperation dürften freilich die langfristigen Gegensätze verhindert haben. Der Rat entschied sich jedenfalls im Juni, auf die Seite der bedrohten Herren einzuschwenken, und rief den Schwäbischen Bund zu Hilfe, der am 9. Juni in die Stadt einrückte.

Das Ende der Bauernhaufen

Bereits im März war der Schwäbische Bund zur Niederwerfung der Empörungen entschlossen, und unter dem militärischen Kommando des kriegserprobten Georg Truchseß von Waldburg, des *Bauernjörg*, schritten die Söldnertruppen zur brutalen Offensive: Schon am 4. April wurde der Baltringer Haufe bei Leipheim aufgerieben, zum Teil in die Donau getrieben, wo Hunderte ertranken; am 14. Juli folgte die entscheidende Niederlage der Oberallgäuer in der Schlacht von Leubas, in der wohl 3000–4000 Bauern fielen. Bestrafungsaktionen der Überlebenden – von Hinrichtungen bis zu Geld- und Ehrenstrafen – folgten.

Nur kurz hatte sich zwischendurch eine Lösung abgezeichnet: der Weingartner Vertrag vom 17./22. April zwischen dem Bund und den Bauern des Allgäuer und des Seehaufens. Zum einen gestanden die Bauern eine Auflösung der Bündnisse zu, dazu die Rückgabe der eroberten Klöster, Schlösser, Städte und Flecken samt entwendeter Habe; dafür sollten sie aber straflos bleiben und erhielten die Zusage schiedsgerichtlicher oder rechtlicher Entscheidungen über Abgaben und Dienste; zum

Denkmal zur Erinnerung an die Schlacht von Leipheim am 4. April 1525 von Wolfgang Klein.

anderen wurde vereinbart, alle Beschwerden durch ein eigens eingesetztes großes Schiedsgericht aus reichsstädtischen Vertretern zu behandeln. Die Seebauern und Unterallgäuer nahmen den Vertrag an, die Oberallgäuer entschieden sich dagegen – und mussten in Leubas büßen. Doch auch auf der Seite der Vertragsschließenden gab es vielfältige Unzufriedenheit, und die Durchführung verlief vielfach im Sande. Dennoch hat er langfristig dazu geführt, dass der Interessenausgleich zwischen Herrschaften und Bauern in eigenen ‚Agrarverfassungsverträgen' festgeschrieben wurde, selbst für die Untertanen des Stiftes Kempten und des Georg Truchseß von Waldburg. Und auch das erscheint bezeichnend: Die Erinnerungskultur bewahrt in Schwaben – im Gegensatz zu Altbayern – bis heute eine positive Einschätzung des Bauernkriegs in Gedenkstätten, Museen oder Laienspieltraditionen; die Forderung nach bäuerlicher Freiheit wurde sogar in die Vorgeschichte der Menschen- und Bürgerrechtsdeklarationen eingeordnet.

Die Ratsreformation

Was allerdings weitgehend auf der Strecke blieb, war eine spezifische ‚bäuerliche Reformation': die Pfarrerwahl und die Berücksichtigung gemeindekirchlicher Belange. Und auch in der städtischen Reformation verschoben sich nach 1525 die Akzente zugunsten der Obrigkeiten, sodass man dafür gerne den Terminus der ‚Ratsreformationen' verwendet. Dennoch blieben die Abläufe sehr unterschiedlich. Memmingen und Lindau waren nach wie vor Vorreiter; ihre Räte schwenkten bereits 1528 auf die Reformation ein und etablierten in ersten Schritten eine neue Kirchenordnung mit einer Ausrichtung auf die Züricher Reformation Zwinglis. Kempten entschied sich auch, schwankte aber zwischen Wittenberg und Zürich.

Die meisten Entscheidungen fielen erst mit dem Augsburger Reichstag von 1530: Die Lutheraner hatten mit der *Confessio Augustana* ihre Position möglichst moderat abgesteckt; sie wurde allerdings bezeichnenderweise von einer *Confessio Tetrapolitana* unterlaufen, dem Bekenntnis der vier oberdeutschen Reichsstädte Memmingen, Konstanz, Straßburg und Lindau, die sich auf die Züricher Reformation beriefen. Auch wenn beide ihrerseits von der kaiserlichen Partei mit der *Confutatio* zurückgewiesen wurden, so blieb doch die ‚Augsburger Konfession' die Grundlage für die weitere Entwicklung der evangelischen Lehre – die Bedeutsamkeit dieses Ereignisses und seiner

Örtlichkeit blieb in der Erinnerungskultur des Protestantismus über die Jahrhunderte erhalten bis hin zu der 1999 in der evangelischen Kirche St. Anna in Augsburg verkündeten ökumenischen Erklärung zur Rechtfertigungslehre.

Für die schwäbische Reformationsgeschichte war sie schon deshalb prägend, weil auf ihrer Grundlage einige Reichsstädte den Zeitpunkt für die Durchsetzung der Reformation gekommen sahen: In Ulm, Memmingen und Biberach untermauerte der Rat per ‚Volksabstimmung' in den Zünften die Entscheidung, Kempten schloss sich ebenfalls an – in Augsburg fiel sie dann in zwei Schritten 1534 und 1537, wobei in der Bischofsstadt nun alle Bedenken über Bord geworfen wurden und der Rat seine zahlreichen Klöster und Stifte vor die Alternative

Die Übergabe und Verlesung der Confessio Augustana 1530. – Kupferstich von M. Küsel, 1655. Germanisches Nationalmuseum Nürnberg.

stellte, entweder ins Bürgerrecht der evangelischen Stadt einzutreten oder ins Exil zu gehen, was die meisten vorzogen.

Sieht man etwas genauer hin, so waren diese Entscheidungen jedoch keineswegs solche für Luther, vielmehr dominierte in allen Städten noch die zwinglische Variante – und mit ihr kam es je nach der Intensität der Ausprägung zu bilderstürmerischen Aktionen. Die Städtelandschaft Schwaben wirkte hier ganz wesentlich mit: Die intensive Kommunikation untereinander und die Orientierung auf Zürich und Straßburg als theologische Zentren reichte bis zur Donau, umfasste also ganz Oberschwaben. Nördlich davon wurde dagegen der Einfluss Nürnbergs stärker, das sich schon 1525 für Luther entschieden hatte. Diese regionale Grenze bestätigte sich, als Augsburg in den 1540er-Jahren dazu überging, im Bewusstsein der eigenen Stärke sein Votum auch in das Umland hineinzutragen: Nicht nur die ländlichen Bereiche um die Stadt wurden mit Predigern versorgt, auch in Donauwörth und Kaufbeuren versuchte man, die eigene Auffassung von der reformatorischen Stadt durchzusetzen; in Kaufbeuren schien das zunächst zu gelingen, in Donauwörth aber zog der Rat die Nürnberg-ansbachische Variante vor, weil die auch von Oettingen und Pfalz-Neuburg eingeführt wurde und man keinen Dissens mit ihnen als Nachbarn wollte.

Die konfessionelle Spaltung Schwabens

Die Loslösung der Städte von der römischen Kirche und die Gestaltung eigener Kirchenordnungen bedeuteten einen Abschluss der spätmittelalterlichen Bestrebungen nach einer vollständigen Verfügungsgewalt. Endgültig wurde diese Struktur aber erst, als die Reichsgeschichte die Entwicklung sanktionierte. Der Beitritt der schwäbischen Städte zum Schmalkadischen Bund der evangelischen Reichsstände und die militärische Auseinandersetzung im Schmalkaldischen Krieg 1546/47 schien zunächst weitreichende Perspektiven anzudeuten: Der anfangs siegreiche Donaufeldzug der reichsstädtischen Kontingente in Schwaben unter dem Augsburger Hauptmann Schertlin von Burtenbach und dem Ulmer Stadthauptmann Marzell

Dietrich von Schanckwitz bot die Chance für den Export der Reformation in die adeligen und kirchlichen Herrschaften, ja er schien Ostschwaben ganz in reichsstädtische Einflusszonen aufzuteilen – wie in der oberitalienischen Städtelandschaft. Doch dann wendete sich das Blatt und der Krieg endete für die evangelischen Reichsstände mit einer Niederlage.

Das anschließende harte Durchgreifen Kaiser Karls V. warf die Entwicklung in den Reichsstädten zurück: Sie mussten nicht nur die Rückkehr der exilierten Klöster und Stifte akzeptieren – in Augsburg zog auch der Bischof wieder ein –, sondern ihnen wurde überdies eine neue Verfassung oktroyiert: Die zünftische Ordnung wurde vom kaiserlichen Stadtherrn zugunsten eines patrizischen Regiments mit stark katholischer Gewichtung revidiert. Karl V. ließ sich von der Auffassung überzeugen, die Zünfte hätten die Reformation zu verantworten, und hob sie deshalb auf. Ulm und Augsburg erhielten schon 1548 diese neue Verfassung, die übrigen Reichsstädte 1552.

Der Augsburger Religionsfrieden von 1555 beendete die Phase des Ringens um die Neuordnung der Kirche und des Reiches. Ein umfassender Landfriede zwischen den Anhängern der ‚Augsburger Konfession' und denen der alten Kirche bedeutete nichts anderes als die reichsrechtliche Anerkennung der Lutheraner – auch wenn die Frage nach der ‚Wahrheit' ausgeklammert blieb. Für Schwaben brachte er die konfessionelle Spaltung: Das Prinzip *cuius regio euis religio*, wonach der Landesherr die Konfession bestimmte, konnte freilich für Schwaben nur dort Gültigkeit erlangen, wo es geschlossene Territorien gab. Die Reichskirche, an der Spitze der Bischof, und die habsburgische Markgrafschaft Burgau hielten nach wie vor zur katholischen Kirche, dazu die meisten adeligen Herrschaften – nur einige Reichsritter hatten unter dem Einfluss der städtischen Zentren den Weg zur Reformation gewagt, nur zwei davon blieben auf Dauer evangelisch: Schertlin in seiner Herrschaft Burtenbach in der Markgrafschaft Burgau und Philipp von Pappenheim in der Allgäuer Herrschaft Grönenbach, dort sogar in einer einzigartigen Sonderform in Schwaben, weil sie sich weiterhin an der Züricher Reformation orientierte. Von den weltlichen Reichsständen waren ansonsten nur die Linie der Grafen von Oettingen-Oettingen und das Fürstentum Pfalz-Neuburg evangelisch geblieben.

In den Reichsstädten dagegen – sie kannten ja keinen Landesherrn – richtete sich die Konfession nach dem Status der Konfessionsverteilung in der Bevölkerung; die meisten blieben weitgehend evangelisch und hatten nur Klöster als katholische Exklaven in ihren Mauern, einige wie Augsburg und Kaufbeuren, Ravensburg, Biberach und Dinkelsbühl beherbergten aber von nun an beide Konfessionen in ihrer Bürgerschaft; charakteristisch dafür wurden die Simultankirchen wie zeitweise in Oettingen und Kaufbeuren oder bei St. Martin in Biberach, wo sich die Konfessionen eine Kirche teilten, oder die Doppelkirchen wie in Augsburg, bei denen die spätmittelalterlichen Predigthäuser zu evangelischen Pfarrkirchen neben den Kloster- und Stiftskirchen heranwuchsen.

Immerhin, der innere Friede bot eine Perspektive. Beide Seiten waren zunächst darum bemüht, ihre eigene Identität zu sichern, um dann offensiv ihren Einfluss geltend zu machen und in der Öffentlichkeit durchzusetzen. Auf evangelischer Seite hieß das zunächst, eine einheitliche Linie zu finden, und die konnte nur auf der Basis der Augsburger Konfession aufbauen. Nun sorgten ‚sächsische' Prädikanten für eine schrittweise Zurückdrängung der zwinglianischen Komponenten – auch wenn es noch bis ins 17. Jahrhundert dauerte, bis man ganz auf die lutherische Orthodoxie eingeschwenkt war. Auf katholischer Seite garantierte Bischof Kardinal Otto Truchseß von Waldburg (1543–1573) die Ausrichtung auf das Trienter Konzil (1545–1563) und als Reichsfürst für seine Durchführung. In Kontroverspredigten versicherten sich die beiden Lager der jeweiligen eigenen Wahrheit und verteufelten das Gegenüber, Streitigkeiten durchzogen Stadt und Land, trugen aber letztlich dazu bei, dass sich die beiden Konfessionen nach und nach festigten.

An einer Stelle brach der Konflikt besonders massiv auf: an der Kalenderreform. 1582 hatte Papst Gregor XIII. auf Rat seiner Astronomen die Anpassung des Kalenders an den Sonnenstand verordnet, doch die Protestanten im Reich sahen darin eine päpstliche Bevormundung. Auch in Schwaben waren viele erst 1700 bereit, den neuen Kalender aufzunehmen.

Der Kalenderstreit

Der Konflikt spitzte sich in Augsburg besonders zu: Der Rat der bikonfessionellen Stadt, der aus rein pragmatischer Einsicht, dass für die Märkte der Stadt der Zustrom von Waren aus dem katholischen Umland nur durch eine Anpassung erhalten werden konnte, wollte den neuen Kalender sofort einführen. Er beschwor damit den Protest der Evangelischen herauf, die darin einen Bruch des Religionsfriedens sahen; die Stimmung heizte sich auf. Als er den Widerstand brechen wollte, indem er ihren Sprecher, den Pfarrsenior Dr. Georg Mylius absetzte, mündete der Kalenderstreit in den Konflikt um die Berufung der evangelischen Prädikanten, den sogenannten Vokationsstreit, in dem die Evangelischen dem Rat dieses Recht absprachen. Selbst zwei kaiserliche Kommissionen konnten ihn nicht schlichten, im Gegenteil, evangelische Reichsfürsten wurden eingeschaltet, die vom Rat bestellten Prediger abgelehnt. Erst nachdem der Rat die Kompetenz der Berufung der evangelischen Prediger an die Kirchenpfleger übertragen hatte, beruhigte sich die Situation – der neue Kalender blieb in kraft.

Die konfessionell einheitlichen Territorien konsolidierten sich nach und nach: Im Bistum Augsburg sorgten erste Visitationen für eine Durchsetzung des Tridentinischen Katholizismus, in der Markgrafschaft Burgau blieb wegen der umstrittenen Landeshoheit die Lage lange Zeit unübersichtlich; auf evangelischer Seite sorgten die Oettinger in ihrem Teil für eine Etablierung des Luthertums, und Pfalz-Neuburg wurde sogar ein ‚lutherischer Musterstaat‘ –freilich nur bis 1613/14, als Pfalzgraf Wolfgang Wilhelm zum Katholizismus übertrat und sein Territorium mitzog. Schwaben blieb konfessionell gespalten.

Kulturelle Vielfalt

Die Reformation hatte auch die Bildungslandschaft Schwaben gespalten. Als die Reichsstädte sich der Reformation anschlossen, nahmen sie naturgemäß ‚ihr‘ Schulsystem mit, war es doch das Anliegen der Reformatoren, einerseits mit den Schulen die

Lesefähigkeit zur Bibellektüre zu erhöhen und über die Erstellung von Katechismen die Schüler und Untertanen zu kontrollieren, andererseits aber durch die weiterführende Bildung für eigene Pfarrer und Amtsträger zu sorgen. Da die schwäbische Reformation im Sog Straßburgs stand, plante man wie dort ein eigenes reformatorisches Ausbildungssystem.

Zwei parallele Bildungssysteme

Augsburg gründete 1531 das Gymnasium bei St. Anna als Spitze einer Schulhierarchie, die bis in die Elementarbildung herunterreichte; hier wie in Ulm sorgte das *Scholarchat* dafür, dass im Laufe der Jahre die städtische Lateinschule zu einem *Gymnasium academicum* aufgewertet wurde und bis zu philosophischen und theologischen Vorlesungen voranschritt, um für den späteren Dienst als Pfarrer, Lehrer und Beamte nützliche Kenntnisse zu vermitteln. Pfalz-Neuburg ging den gleichen Weg, als es in Lauingen 1559/62 eine solche ‚Semiuniversität' gründete, *damit man daraus mit der zeit dugliche personen nit allein zu kirchen ämptern, sondern auch zu der weltlichen regierung haben und nehmen möchte.* Die anderen hatten zumindest gute Lateinschulen, die die Voraussetzungen für das Universitätsstudium vermitteln konnten, oder gingen, wie die Grafschaft Oettingen, in säkularisierten Klöstern an die gleiche Aufgabe heran.

So blieben den katholischen Territorien nur mehr die spätmittelalterlichen Elementarschulen, weil ihre recht kleinen Städte noch kaum darüber hinaus gekommen waren. Ein so dezidiert tridentinischer und agiler Bischof wie Otto Truchseß konnte diesen Zustand nicht belassen, und so gründete er nicht nur 1549 in seiner Bischofsstadt Dillingen ein *Collegium Litterarum*, sondern baute es 1551 zur Universität mit gymnasialem Unterbau aus – sein Wahlspruch: *Meine Worte gleichen einem Feuerbrand und dem Hammer, der Felsen zertrümmert* (Jeremias 23, 29) demonstrierten die Zielrichtung. Als er mit dem Jesuiten Petrus Canisius 1559 den ‚zweiten Apostel Deutschlands' auf die Domprädikatur in Augsburg berufen konnte, war ein weiterer

Gegenpol zur evangelischen Reichsstadt gefunden; 1563 übergab er auch noch seine Dillinger Universität den Jesuiten. Tatsächlich wurde diese Hochschule bald zur Ausbildungsstätte des Klerus, und zwar weit über die Grenzen Schwabens hinaus bis in die Schweiz und Tirol, ja bis nach Polen. Weitere Jesuitenniederlassungen hielten in seiner Diözese erst mit der Gründung des Kollegs bei St. Salvator in Augsburg 1579/82 Einzug; 1616/17 folgten Neuburg a. d. Donau – nach der Konversion Wolfgang Wilhelms –, dann 1621 Mindelheim, 1627 Kaufbeuren und als kurzzeitiger Versuch Füssen 1618–1621. Auch die Lateinschulen der katholischen Territorien passten sich dieser Entwicklung an; so richteten die Fugger in Babenhausen eine lateinische Vorschule für den universitären Studiengang ein. Damit standen sich nun zwei ‚Bildungslandschaften' in Schwaben gegenüber: die evangelische, auf die Reichsstädte orientierte mit ihren ‚Semiuniversitäten' an der Spitze, die katholische der meisten Territorien mit der Jesuitenuniversität Dillingen.

Humanismus und Renaissance

Dieses gehobene Schulwesen basierte auf einer humanistischen Bildungskonzeption – und darin lag auch ihre Gemeinsamkeit, trotz aller konfessionellen Gegensätze. Die Überzeugung, dass „der eloquente und in den Quellenschriften des Altertums bewanderte Humanist … die besten Voraussetzungen (bot), dass er sich auch als Christ bewährte", wie es Johannes Sturm von Straßburg formulierte, war ganz ähnlich in der jesuitischen *Ratio studiorum* von 1599 enthalten, die die Grundlage für die Kollegs abgab. Anders gesagt: Beide Seiten begriffen Bildung und Frömmigkeit, Christentum und Humanismus als Synthese.

Die humanistische Gelehrsamkeit hatte in Schwaben seit dem 15. Jahrhundert eine Heimat in ersten Gelehrtenzirkeln gefunden. Nun setzten der Augsburger Stadtschreiber Dr. Konrad Peutinger und die von ihm begründete *Sodalitas Litteraria* Augustana um 1500 diese Tradition fort, er pflegte Verbindungen zu den Großen wie Erasmus von Rotterdam, Johannes Reuchlin oder Willibald Pirckheimer. Peutinger sammelte und

Universität Dillingen, Collegium S. Hieronymi. – Kupferstich von Wolfgang Kilian, 1627.

edierte als einer der ersten in Deutschland die römischen Inschriften in der Stadt – und vermauerte einige davon als Spolien in seinem Haus. Der frühe Buchdruck feierte gerade seine ersten Erfolge in bedeutenden Offizinen seit der Günther Zainers von 1468; im 15. Jahrhundert wurden bereits 21, im 16. Jahrhundert 35 Druckherren gezählt, womit Augsburg als einer der bedeutenden Druckorte Europas galt.

In Memmingen war Albert Kunne seit etwa 1480 als Drucker tätig, dessen Offizin nahezu 200 Bücher verließen, u. a. Aeneas Piccolominis (des späteren Papstes Pius II.) Geschichte Europas; der Stadtarzt Dr. Jakob Stoppel und der gelehrte Nikolaus Ellenbog aus Ottobeuren, wo 1542–1545 eine Ordensakademie der Benediktinerklöster bestand, belegt die universale humanistische Gelehrsamkeit in Oberschwaben ebenso wie die Ulmer Stadtärzte und Juristen. Ihre soziale Spannbreite bewegte sich zwischen den Polen städtischer Funktionsträger, Klerikern und frei agierenden Wissenschaftlern. Im Laufe des 16. Jahrhunderts vervielfältigten sich diese Stränge, bis hin zu einem Markus Welser, der nach Studien in Padua und Paris in seiner Heimatstadt

Augsburg politisch Karriere machte, aber auch von der Geschichte, insbesondere griechischen und lateinischen Autoren, bis hin zu den Naturwissenschaften viele Interessen verfolgte und einen eigenen Verlag ‚Ad insigne Pinus' gründete.

In einem derartigen Umfeld entstanden die großen städtischen Bibliotheken der Zeit. Isny bewahrt bis heute eine besonders gut sortierte Prädikantenbibliothek bei seiner Nikolaikirche, die bis auf die Prädikaturstiftung von 1462 zurückging; in Memmingen hatte der Antoniterpräzeptor Petrus Mitte de Caprariis allein 242 lateinische Handschriften gesammelt. Augsburg hatte mit der Gründung des Gymnasiums bei St. Anna auch eine Stadtbibliothek ins Leben gerufen, die 1562 einen eigenen Bau erhielt – eine der ersten öffentlichen Bibliotheken überhaupt. Ihre Bedeutung wird am besten dadurch sichtbar, dass der reformatorische Prädikant Wolfgang Musculus 1543/44 nicht weniger als 99 griechische Handschriften, in Venedig aufgekauft, nach Augsburg brachte. Eine der größten gelehrten Privatbibliotheken nördlich der Alpen besaß aber Dr. Konrad Peutinger mit annähernd 6000 sicher nachweisbaren Drucken in rund 2200 Bänden, dazu eine große Zahl von Handschriften.

Die vielfältigen Verbindungen nach Italien, die bereits die Rezeption des Humanismus befördert hatten, brachten auch die Kunst der Renaissance nach Schwaben. Und so überrascht es kaum, wenn ihre frühesten Zeugnisse im Umfeld der Augsburger Kaufleute zu finden sind: etwa in der Dominikanerkirche und der Fuggerkapelle in St. Anna.

Die Grablege der Fugger

Die Stiftung von 1509 für die großartige Grabkapelle sah in einer ersten Stufe wohl Entwürfe von Albrecht Dürer für Epitaphien und Peter Vischer für ein Gitter vor, und bis zur Fertigstellung 1517/18 wirkten so bekannte Künstler wie Hans und Adolf Daucher oder Hans Burgkmair bei der Ausgestaltung mit, die alle aufgrund ihrer

Grabkapelle der Fugger in St. Anna, Augsburg, ▶
Stiftung von 1509, erbaut 1512–1518.

engen Beziehungen nach Italien ihre Formensprache entwickelten. „Das Neue und Einmalige der Fuggerkapelle besteht ... in der bedachtsamen Auswahl und selbstständigen Weiterbildung des Italienischen"; sie wurde „von den besten einheimischen Meistern dem Besteller in Kenntnis der modernen Muster ihrer Zeit auf den Leib geschneidert". (Bruno Bushart)

Diesem Anfang der Renaissance nördlich der Alpen entsprach eine ebenso eindrucksvolle Gestaltung am Ende des Jahrhunderts: die Prachtbrunnen der urbanen Hauptachse, der Augustusbrunnen geschaffen von Hubert Gerhard 1588–1594 zum 1600-jährigen Stadtgründungsjubiläum, und der Merkur- und Herkulesbrunnen von Adrian des Vries 1596–1600, die gleichzeitig wohl auch den konfessionellen Gegensatz in einer künstlerischen Antikenrezeption aufheben wollten. Dieses Beispiel urbaner Stadtgestaltung der Metropole spiegelt sich in abgeschwächter Form auch in den anderen Reichsstädten Schwabens, insbesondere in den Rathäusern von Nördlingen bis Memmingen und Lindau.

So zog die urbane Welt Schwabens im 16. Jahrhundert die Brennpunkte der Wissenschafts- und Kunstgeschichte an sich. Die reiche Städtelandschaft erwies sich als ein wichtiges Stimulans, die intensive Kommunikation untereinander, aber auch die Öffnung über die Handelswege machte sie sensibel für den wissenschaftlichen und künstlerischen Diskurs.

Das 17. und 18. Jahrhundert: Territoriale Vielfalt

Der Höhepunkt Schwabens als einer Wirtschaftsregion europäischen Ranges und eines politischen Zentrums des Römisch-deutschen Reiches ging mit dem Dreißigjährigen Krieg (1618–1648) zu Ende, denn es gehörte zu jenem Gürtel quer durch das Reich, der zum Schauplatz des Großen Krieges wurde. Der tiefe Absturz musste erst überwunden werden; aber selbst dann lag der Schwerpunkt der politischen Entwicklung sehr viel mehr in den großen Territorien des Alten Reiches. Dennoch versank Schwaben keineswegs in der Bedeutungslosigkeit, sondern entfaltete erneut seinen ganz eigenen Charakter in der Vielfalt.

Krieg, Seuchen und Hunger

Die erneute Zuspitzung der konfessionellen Gegensätze nach der Phase einer pragmatischen Koexistenz, die selbst den rechtlichen Austrag von Konflikten vor den Reichsgerichten lahm legte, war in Schwaben mit Händen zu greifen: Die Säkularisation der Klöster in der Grafschaft Oettingen-Oettingen war in einen reichsweiten Gerichtsprozess einbezogen worden, in Kaufbeuren hatte der verschärfte Streit um das Simultaneum an der Pfarrkirche St. Martin 1601/02 Aufmerksamkeit auf sich gezogen. Der Augsburger Bischof Heinrich von Knöringen (1598–1646) trat als Exponent der Gegenreformation in Schwaben wesentlich entschiedener auf als seine Vorgänger. Besonders spektakulär wurde der Fall von Donauwörth.

‚Kreuz- und Fahnengefecht'

Donauwörth war zwar überwiegend evangelisch, hatte aber auch katholische Enklaven: das Benediktinerkloster Hl. Kreuz, die Niederlassung des Deutschen Ordens – und die sie umgebende

Reichspflege, seit 1536 in der Hand der Fugger. Am Markustag (25. April) 1606 waren, wie üblich, die Katholiken vom Kloster durch die Stadt zum nahen Auchsesheim in der Reichspflege gezogen, wurden aber auf dem Rückweg von bewaffneten Bürgern aufgehalten, die in gewaltsamen Auseinandersetzungen die Prozessionsfahnen zerfetzten. Dieses ‚Kreuz- und Fahnengefecht' wurde – durchaus nicht zufällig – zum Prinzipienfall: Die Bürgerstadt suchte Rückhalt bei den evangelischen Reichsständen, Kloster und Bischof – dem es unterstand – ihrerseits bei den Katholiken. Die Verhängung der Reichsacht über die Stadt 1607 geriet zum Fanal, denn der Herzog von Bayern erhielt die Exekution übertragen – der ohnehin seit langem erneut ein Auge auf die Stadt als Brückkopf geworfen hatte. Da die Bürger die Kosten für die Besatzung nicht bezahlen konnten, wurde sie an Bayern verpfändet – sie konnte sich nicht mehr davon befreien und blieb bayerisch, was gleichzeitig eine massive Rekatholisierung bedeutete.

Der Vorgang schlug Wellen im ganzen Reich. Zwar lässt sich die ältere Meinung nicht mehr halten, dass er den Auslöser für den Krieg darstellte, vielmehr waren vielfältige Ursachen dafür verantwortlich, dass nun die Reichsorgane versagten. Wie auch immer, es kam zu antagonistischen Bündnissen: die Evangelischen schlossen sich in Aufhausen im Ries am 14. Mai 1608 zur ‚Union zur Verteidigung des evangelischen Glaubens' zusammen, die Gegenseite antwortete am 10. Juli 1609 in München mit der ‚Katholischen Liga'. Der Konflikt spitzte sich zu und mündete 1618 in den Fenstersturz von Prag als Auftakt des Dreißigjährigen Krieges.

Der Kriegsverlauf verschonte Schwaben zunächst. Erst in den 1630er-Jahren wurde er im Land selbst unmittelbar spürbar, als Albrecht von Wallenstein 1630 sein Hauptquartier nach Memmingen verlegte. Die ganze Wucht des Kriegsschauplatzes erlebte es, als Gustav Adolf nach der siegreichen Schlacht bei Rain am 14. April 1632 über das Heer der Liga unter Tilly große Teile Schwabens von Dillingen bis Ulm, von Augsburg bis Kempten und Memmingen besetzte und Herzog Bernhard von Weimar bis ins Oberallgäu vorstieß. Im Gegenzug drang das kaiserliche Heer 1633 über Landsberg vor. Das Hin und Her beendete die Schlacht von Nördlingen am 5./6. September 1634, in der die

Schweden besiegt wurden und schnell ihre Bastionen in Schwaben verloren. Die zweite Welle der Kriegsereignisse in der Region begann mit dem Vordringen der Franzosen ins Ries 1645, die Schweden unter Wrangel folgten 1646. Und nach wechselnden Heereszügen gegen die Bayern an der Donau und im Allgäu wurde am 17. Mai 1648 bei Zusmarshausen die letzte größere Schlacht in Schwaben geschlagen, in der die Schweden und Franzosen siegreich blieben. Erst 1649/50 zogen ihre letzten Kontingente nach dem Friedensschluss in Westfalen aus Schwaben ab.

Eine solche knappe Aufzählung vermag freilich nur den äußeren Rahmen anzudeuten. Verbunden mit den Heereszügen waren die Begleiterscheinungen der konfessionellen Veränderungen. Als Gustav Adolf, der ‚Magus des Nordens', am 20. April durch das Jakobertor nach Augsburg einzog, wurde er von den Evangelischen als Retter begrüßt, mit einem wertvollen Kunstschrank beschenkt, mit seinem Hofprediger ein Gottesdienst in St. Anna gefeiert, und am Fenster des Fuggerhauses nahm er die Huldigung der Bürgerschaft entgegen. Warum? Die Evangelischen hatten nicht nur durch das Restitutionsedikt von 1629 die seit 1552 eingezogenen Kirchengüter wieder verloren, sondern auch ihre Pfarrer und Lehrer; die meisten Kirchen waren entweder geschlossen oder abgerissen, war doch der Stadt ein katholisches Regiment auferlegt worden. Nun wendete sich das Blatt – und die Katholiken wurden unterdrückt. 1634 folgte eine Blockade der Stadt durch die bayerische Belagerungsarmee, und eine grauenhafte Hungersnot brach aus. Nachdem die Stadt an die Kaiserlichen übergeben worden und die Schweden abgezogen waren, kam die Bestrafung durch hohe Kontributionen – und nun verloren die Evangelischen wieder ihre Kirchen und mussten bis Kriegsende ihre Gottesdienste unter freiem Himmel abhalten.

„Ostschwaben gehörte in den Jahren des Dreißigjährigen Krieges mit zu den stark betroffenen und am schwersten heimgesuchten Gebieten im Süden Deutschlands" (Werner Lengger). Hinter dieser Feststellung verbergen sich gravierende Zerstörungen, finanzielle Belastungen wie immense Bevölkerungsverluste. Der Grundsatz der Kriegsunternehmer:‚der Krieg ernährt sich selbst', forderte Opfer, vor allem wenn marodierende Truppen mit Plünderungen und Brandschatzungen das Land überzogen. Die im Allgäu 1627–1629 und im gesamten Schwaben 1632–1635 grassierenden Seuchen, vor allem die Pest, verursachten ein Massensterben in der Bevölkerung. In den Städten war der Aderlass besonders massiv: So verlor Augsburg von seinen 45 000 Einwohnern (1618) bis 1635 rund 60%, in Memmingen, Kempten und Nördlingen lag die Rate bei etwa 50%; selbst eine Kleinstadt wie Mindelheim hatte um 1650 nur mehr 60–65% des Vorkriegsniveaus – lediglich Lindau wurde weitgehend verschont. Auf dem Land sah es nicht anders aus, mitunter fielen die Verluste sogar höher aus: Im Donautal und Mittelschwaben lagen Sie bei etwa 60–65%, am Alpenrand ‚nur' mehr etwa bei 40%. Viele Höfe waren verödet, die Infrastruktur war zerstört, das Land lag wirtschaftlich am Boden.

Bilder aus dem Krieg

Die Besetzung und Einquartierung der schwedischen Truppen 1632/33 im Ries presste aus dem Land neben der Versorgung auch die Beute heraus (die Kaiserlichen handelten nicht anders). Als Feldmarschall Horn 1633 vorübergehend in Wallerstein lag, musste das Dort Ehringen 400 Pferde aufnehmen, bis zu 20 je Gehöft. Beim Abzug der Reiter waren nicht nur die Futtervorräte dezimiert, es fehlte auch das Geflügel. Am 3. März 1633 wurde das schwedisch besetzte Wallerstein samt der Grafschaft der Krone Schweden übereignet. Lorenz Frh. v. Hofkirchen, Generalleutnant der Kavallerie, duldete zwar die katholische Religion, verlangte aber die Zahlung einer Sondersteuer von 25 000 fl. bei Androhung einer Generalplünderung der Grafschaft.

Der Schuster Hans Heberle aus dem Dorf Neenstetten auf der Alb führte ein eigenes *Zeytregister*: Er berichtet von den Kontributionen, Plünderungen, der Verproviantierung von Truppen; er berichtet vom Tod zweier Kinder durch die Hungersnot 1625 und davon, wie er mit seiner Familie insgesamt 30mal in die Mauern der Stadt Ulm flüchten musste – und kommt auf insgesamt rund 700 Tage. 1643 waren insgesamt 6016 Personen mit 2538 Pferden, 2325 Kühen und 456 Stück Kleinvieh in Ulm. Auch für ihn war der Krieg eine Strafe Gottes – und seine Klage machte keine Unterschiede zwischen den beiden Seiten.

Nur eine umfangreiche Zuwanderung konnte Erholung bringen: Aus den benachbarten Territorien Altbayern, Tirol und Vorarlberg, der Schweiz und Baden und den österreichischen Ländern kamen neue Siedler, um die Lücken zu füllen. Eine gesteigerte Kinderzahl trug das ihre dazu bei, dass bis zur Wende des 17. zum 18. Jahrhundert die demographischen Verluste auf dem Land wieder weitgehend ausgeglichen waren. Erst in der zweiten Hälfte des 18. Jahrhunderts war wieder ein Niveau erreicht, bei dem die Probleme des ‚Pauperismus', der Massenarmut, erneut gravierende Züge annahmen.

Bei den Verhandlungen des ‚Westfälischen Friedens' war Schwaben in Osnabrück mit dem streitbaren Augsburger Katholiken Dr. Johann Leuxelring und dem Dillinger Jesuiten Heinrich Wangnereck ebenso vertreten wie mit dem Lindauer Dr. Valentin Heider, dessen Einsatz die protestantischen Reichsstädte ihre religiöse und politische Gleichberechtigung zu verdanken hatten. Für Schwaben hieß das Ergebnis dieses „größten und grundlegendsten Friedenswerkes der Neuzeit" (Johannes Burkhardt) mit dem Ende von Religionskriegen und einer Stabilisierung der Reichsverfassung vor allem die Bestätigung des status quo der Reichsstände und ihrer Territorien – und in ihnen der Religionsverhältnisse nach dem ‚Normaljahr' 1624, also vor dem Restitutionsedikt. Wie penibel die Lösung ausfiel, zeigt die Parität in den vier Reichsstädten Augburg, Biberach, Ravensburg und Dinkelsbühl, denn hier wurden die Ämter streng nach dem Prinzip der Gleichheit der Konfessionen verteilt – vom Geheimen Rat bis hinunter zu den Torwächtern. Kein Wunder, dass man das Ergebnis nach seiner Durchführung überschwänglich begrüßte: Am 8. August 1650, dem Jahrestag des kaiserlichen Eingriffs von 1629, feierten die Evangelischen in Augsburg nach der Rückgabe ihrer Kirchen ein ‚Friedensfest; und daraus entwickelte sich eine ganz spezifische Festkultur mit jährlichen ‚Friedensgemälden' und einem eigenen ‚Kinderfriedensfest'. Aber auch in Memmingen und Lindau, in der evangelischen Grafschaft Oettingen und in Nördlingen – und insgesamt 174 Orten im ganzen Reich – fanden solche Feste statt; nur das in Augsburg blieb auf Dauer als ‚Erinnerungsort' bestehen, als städtischer Feiertag bis heute.

Allegorie von Friede und Gerechtigkeit. Kol. Kupferstich zum Augsburger Friedensfest von 1652.

Salz, Silber und Kattune

Die forcierte Zuwanderung in der zweiten Hälfte des 17. Jahrhunderts bedeutete nicht nur eine ‚Peuplierung' wüst gefallener Güter, sondern mitunter auch eine wirtschaftliche Strukturverbesserung: die ‚Schweizer' aus dem Appenzeller Land als Viehzuchtspezialisten im Donauland, Handelsleute aus Savoyen, Baumeister aus Graubünden. Doch die einst blühende Städtelandschaft erholte sich nur bedingt von den Schäden, meistens blieb sie auf einem niedrigeren Bevölkerungsniveau stehen. Zwar konnte die Einbettung in das europäische Handelssystem erhalten werden, doch Stagnation und Regionalisierung trafen vor allem die Mittel- und Kleinstädte.

Die ehemals bedeutende Nördlinger Pfingstmesse etwa schrumpfte zu einem regionalen Jahrmarkt. Im südlichen Schwaben schoben sich gegenüber dem dominierenden Leinwandhandel andere Güter stärker in den Vordergrund. Der

Memminger Getreidehandel mit der Nordschweiz über Lindau und den Bodensee kam wie der schon seit dem Mittelalter wichtige Salzhandel zu neuer Bedeutung. Der Vertrieb des Reichenhaller Salzes, das über Landsberg bezogen und weiter über Lindau in den Westen gelangte, lag seit 1667 in den Händen einer Salzgesellschaft aus Memmingen und Lindau, die 1706 insgesamt 45 Mitglieder umfasste. Bayern versuchte, diese Strukturen vertraglich zu untermauern: Von 1682 bis 1702 bestanden Salzkontrakte mit dem Münchner Hof; die jährliche Abnahme stabilisierte sich auf etwa 20 000 Fass und der Absatz reichte bis zum Schwarzwald und nach Württemberg. In Konkurrenz dazu bemühte sich Österreich zunehmend darum, das Tiroler Salz aus Hall über das Allgäu in die Schweiz abzusetzen und etablierte am Bodensee seinerseits eine Reihe von Salzlagern. Der bayerischen Niederlage in Buchhorn (dem späteren Friedrichshafen) folgte 1771 Lindau als zweites bayerisches Salzamt am Bodensee. In Kempten dominierte demgegenüber – schon wegen der geografischen Lage – das Tiroler Salz.

So wurden durchaus neue Impulse erkennbar, bei denen die jeweiligen Staaten eine bestimmende Rolle zu spielen begannen: Das Wirtschaftsprogramm des ‚Merkantilismus' zeichnete sich ab. Ein signifikanter Fall dafür wurde in Günzburg bereits um die Wende zum 18. Jahrhundert inszeniert, bot doch die Markgrafschaft Burgau als österreichisches Territorium aufgrund der Vernetzungen des Hauses Habsburg günstige Möglichkeiten. Um 1700 siedelten sich in der Stadt einige potente Handelshäuser aus Como an – die Brentano-Cimaroli und die Rebay, später auch die Molo – und wurden in der Leinwandherstellung zu einer beachtlichen Konkurrenz für Ulm. Der Wiener Hof ermutigte 1745 die Firma Brentano zu einer eigenen Donauschifffahrtsgesellschaft, die freilich erst 1767 Erfolg hatte. 1746 wurde eine Leonische Drahtzugfabrik – sie stellte unechte Gold-, Silber- und Kupferdrähte für Borten her – gegründet, und 1764 gesellte sich die Münzstätte dazu, die jährlich für 3 bis 4 Mill. Gulden die beliebten Maria-Theresia-Taler ausprägte.

Nach wie vor blieb aber Augsburg das Wirtschaftszentrum. Zu einem neuen Standbein wurde der Handel mit Gold, Silber und Kupfer und den Produkten von Gold- und Silberschmieden ausgebaut. Das Handwerk verzeichnete 1615 bereits 199 Goldschmiede und Juweliermeister mit 164 Gesellen; ihnen an die Seite zu stellen waren die Uhr- und Instrumentenmacher, die Kunstschmiede und Kunstschreiner. Nach dem Krieg konnte es seinen Aufstieg nahtlos fortsetzen, weil die europäischen Höfe nach Silbergeschirr und Möbeln verlangten, die Kirchen nach Vasa sacra, nach sakralem Gerät.

Begehrtes Kunsthandwerk

„Die Produktionspalette umfasste alles, was aus Gold und Silber hergestellt werden konnte, von der Haarnadel bis zum Goldservice, und von der Porzellan- und Glasfassung bis zum Reliquienschrein." So bestellte etwa allein Kurfürst Max Emanuel von Bayern insgesamt für etwa 400 000 fl., König Friedrich Wilhelm I. von Preußen in den Jahren 1730–1733 sogar für 782 361 fl., Württemberg stand dem 1706–1737 mit etwa 300 000 fl. nur wenig nach und der russischer Zarenhof in den 1780er-Jahren für 560 000 fl. – um nur die Spitzen zu nennen. 1734 erreichte die Zahl der Goldschmiede mit 343 den Höhepunkt, zusammen mit den Malern, Illuministen, Kupferstechern und Uhrmachern insgesamt 523, sodass man um 1740 die im Kunsthandwerk Beschäftigten auf etwa 2000 Personen schätzte. (Peter Fassl)

Hinter diesen Gold- und Silberschmieden stand selbstverständlich das Edelmetall- und Wechselgeschäft der Kaufleute und Bankiers, die die Stadt am Lech erneut nach Frankfurt zum bedeutendsten Bankenplatz in Süddeutschland machten.

Die andere Innovation spielte sich im traditionellen Textilsektor ab. Ulm war vom Barchent zur Leinwand zurückgekehrt und griff neben seinem herkömmlichen ‚Ulmer Winkel' seinerseits über Blaubeuren auf die Alb aus; die Allgäuer Leinenindustrie geriet in den Sog der Schweizer Entwicklung um St. Gallen, das nicht nur die *Schwabenleinwand* bezog, sondern auch die bäuerliche Garnspinnerei auf sich orientierte. Die Webwarenschau in Immenstadt gehörte dazu ebenso wie die in Sonthofen, mit der das Hochstift von 1729 bis 1742 für die eigenen

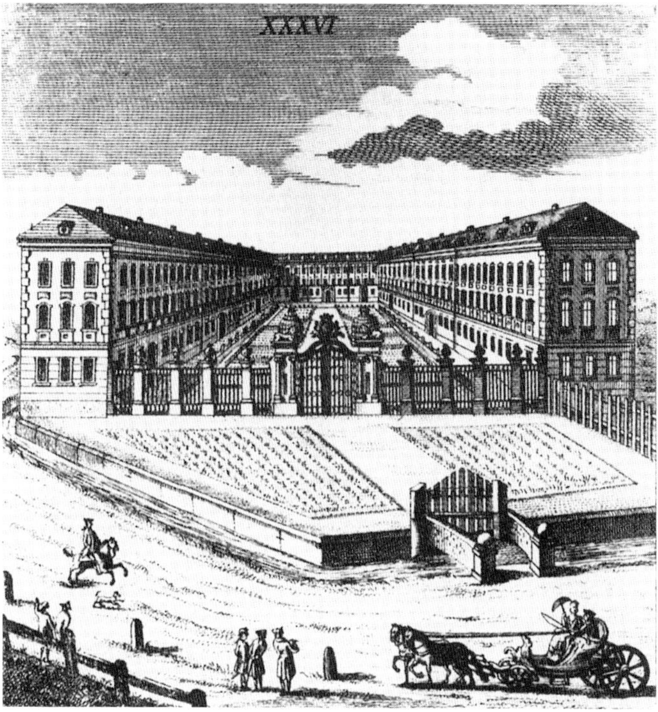

Die Schüle'sche Kattunfabrik in Augsburg, erbaut 1770–1772 von Leonhard Christian Mayr. – Kupferstich eines unbekannten Künstlers, 1772.

Untertanen Paroli bieten wollte. Demgegenüber kam es im mittelschwäbischen Barchentrevier erneut zu einer Substitution: Nun setzte man auf reine Baumwollstoffe, die mit Mustern bedruckt wurden und sich als Verkaufsschlager auf den europäischen Märkten erwiesen. Die Technik selbst war 1678/79 aus Holland eingeführt worden – als eine ‚Industriespionage' der Gebrüder Georg und Jeremias Neuhofer. 1693 gab es bereits acht Betriebe in Augsburg. Zu den bedeutendsten Unternehmerfiguren gehörten Anna Barbara Gignoux, die seit 1760 den von ihrem Mann begründeten Betrieb zur Blüte brachte, und Johann Heinrich Schüle, der 1770 vor dem Roten Tor eine neue Fabrik im Barockstil errichten ließ; sie hatte 1781 allein 350 Arbeitskräfte und beschäftigte zudem mehr als 3000 Weber im Verlag.

Das Augsburger Vorbild machte erneut in Schwaben Schule: Die Städte Kaufbeuren und Kempten richteten Manufakturen ein, während Memmingen eher zögerte. Auch die ersten Territorien folgten: Das Hochstift Augsburg versuchte sich zunächst in seinem Pflegamtsort Schwabmünchen, dann 1762 in Füssen und – wenn auch nur kurzzeitig – im Augsburger Vorort Göggingen; das Fürststift Kempten richtete 1760 in Grönenbach eine Kattunmanufaktur ein, die bald eng mit der Baumwollspinnerei in der Stiftsstadt zusammenarbeitete. Immer waren die ländlichen Arbeitskräfte mit einbezogen, sei es als Spinnerinnen, sei es als Weber für die Baumwollstoffe. Das schwäbische Textilrevier, das Stadt und Land seit jeher zusammenband, bewährte sich auch in dieser Neuorientierung. Man nennt diese Phase heute ‚Protoindustrialisierung', und meint damit einen grundlegenden Wandel in Richtung Industrie, weil sich deren Merkmale in der Arbeitswelt abzeichneten: Einerseits waren die Arbeitskräfte abhängig von weit entfernten anonymen Märkten und ihren Konjunkturen, andererseits löste sich das städtische Handwerk vom Ideal des ‚Auskommens' und die Landweber von ihrer Verbindung mit einer kleinen Landwirtschaft. Bei den Webern der Kattunmanufakturen kann man derartige Entwicklungstendenzen feststellen – einschließlich der Versuche, sich in Aufständen dagegen zu wehren.

Das Handwerk in der Defensive

Im 18. Jahrhundert eskalierten die alten Gegensätze erneut und kulminierten in den Aufständen Augsburgs in den Jahren 1766, 1784/85 und 1794, von denen zumindest der letzte noch einmal das Gefüge der städtischen Gesellschaft erschütterte. Der Streit kreiste um die Importe von rohen Baumwollstoffen durch Kattun-Unternehmer. Der regelmäßige Absatz der eigenen Stücke war aber für die einheimischen Weber eine Voraussetzung für das Überleben, zumal die Lebensmittelpreise in diesen Jahren rapide anstiegen.

Aufstand der Weber

Seit Januar 1794 war die Unruhe in Wirtshausdiskursen spürbar. Doch der Rat folgte nicht den kompromissbereiten Kräften, sondern setzte auf die Zukunft der Fabriken. Daraufhin verlangten nun 400 Weber vor der Ratsstube ein neues Dekret zu ihren Gunsten. Ein Zug von 200–300 Textilarbeitern zog zum Haus des Stadtpflegers Paul von Stetten und stürmte es, umgeben von vielen *hohen Hüten*, die sie verbal unterstützten: *Weber, ihr habt recht, wehrt euch um euer Brot!* Nun waren *gewaltthätig viele Leute, Mezger, Wirthe, viele Weibspersonen und verschiedene andere Leute* beteiligt. Dem zwangsweise versammelten Rat blieb nichts anderes übrig, als den Forderungen der Weber nachzugeben: Die Einfuhr jeglicher fremden Cottone (Ware aus dem Umland wie aus Ostiniden) wurde verboten, das Edikt vom Balkon des Rathauses aus verkündet.

Bald darauf kehrte sich die Situation wieder um, und nun wandten sich beide Seiten an den Reichshofrat in Wien. Aus einem zähen Ringen resultierte schließlich ein Vergleich, der wiederum nicht lange hielt. Als es über die Preise zu Handgreiflichkeiten kam, entschloss sich der Rat zur Unterdrückung mit Gewalt: Ein schwäbisches Kreiskontingent aus Württemberg zog am 24. Dezember 1794 mit 700 Mann ein, und die Ruhe wurde wieder hergestellt – die juristische Aufarbeitung zog sich freilich noch bis zum Januar 1798 hin.

Die drohende ‚Proletarisierung' war die eine Seite der Gewerbelandschaft Schwaben, doch es gab auch eine andere, die Schwaben zu einer außerordentlichen Region in Deutschland machte: die ländlichen Zünfte. Seit dem 16. Jahrhundert vereinzelt, dann im 17. Jahrhundert auf breiter Front, entstanden die handwerklichen Zusammenschlüsse in den jeweiligen Herrschaften. Den Anfang machten wohl nicht zufällig die Weber der Fuggerherrschaft Babenhausen 1562 und Kirchheim 1626, dazu die der Herrschaft Seyfriedsberg-Ziemetshausen 1614. Die anderen Gewerbe folgten jedoch bald nach, sodass am Ende des 18. Jahrhunderts ganz Schwaben erfasst war, adelige wie kirchliche Herrschaften gleichermaßen; derzeit lassen sich insgesamt 546 verschiedene Zünfte nachweisen.

Die Ursachen lagen auf der Hand: Seit die ländlichen Handwerker als ‚Pfuscher', weil nicht in einer Stadt ordentlich ausgebildet, immer mehr abgedrängt und auf den Jahrmärkten mit ihrer Ware nicht mehr zugelassen wurden, wollten sie die *Passierlichkeit* erwerben und damit auch *ehrliche* Handwerker werden; das ging aber nur, wenn sie obrigkeitlich anerkannten Zünften angehörten. 1687 erbat sich die Reichritterschaft beim Kaiser die Unterstützung, und auch der Schwäbische Kreis ging nun davon aus, dass die Anerkennung der Handwerker bei einer Mitgliedschaft in einer *nechstgelegenen handwerckbruderschafft oder laden* mit einer ordnungsgemäßen Ausbildung bis zum Meister gewährleistet war. Die Formen lehnten sich eng an die städtischen Vorgaben an – man wollte ja mit ihnen gleichziehen. Die Organisation war allerdings verschieden: Vielfach deckte sie sich mit den Herrschaften, oft aber griff sie auch aus und entfaltete einen weiten Einzugsbereich. Sitz der ‚Lade' war immer eine Kleinstadt oder ein Markt- und Gerichtsort, dort versammelte man sich, nahm Mitglieder auf und sprach die Gesellen frei – und hielt den Jahrtag für die Verstorbenen. Es gibt kaum eine Region in Deutschland, in der diese Landzünfte als eigenständige Korporationen sich so breit und gleichzeitig differenziert ausgebildet haben wie in Schwaben.

Schwäbischer Barock: Der ‚Teufelsbauwurm'

Auch wenn nach dem Dreißigjährigen Krieg die Kaiserstadt Wien und die großen Territorien mit ihren Höfen in Stuttgart und München, in zweiter Linie auch die geistlichen Fürsten von Würzburg oder Bamberg das Geschehen in Süddeutschland bestimmten, so nahmen doch die kleinen Residenzen der Fürsten und Grafen sowie die Reichskirche an den zeitgenössischen Entwicklungen teil, öffneten sich der höfischen Kultur. Oberschwaben wurde so zum Träger eines ‚schwäbischen Barock' als einer Kunst- und Kulturlandschaft.

Im Vordergrund standen dabei die geistlichen Reichsstände. Das Stift Kempten begann mit dem Neubau der zerstörten Gebäude bereits 1651 als regelmäßiger Anlage um zwei Höfe

– er gilt als der erste bedeutende Barockbau Deutschlands, begonnen vom Vorarlberger Michael Beer und verändert ausgeführt vom Graubündner Johann Serro. Für fast alle Äbte von Roman Giel von Gielsperg (reg. 1639–1673) bis Rupert von Neuenstein (reg. 1785–1793) waren der Bau und die künstlerische Ausgestaltung der Prunkräume wie der Kirche Ausdruck ihres Standesbewusstseins, eines Klosters mit dem Rang eines Reichsfürstentums, umgeben von der Stiftsstadt als ausgeformter Residenzstadt – einer Gründung um 1700 neben der alten Reichsstadt. Die Regierung des Kleinstaates nahm in der Zeit des Absolutismus durchaus Züge einer ausgefeilten Bürokratie an: Ein Regierungskollegium von nominell 21 Hof- und Regierungsräten – vom Hofkammerpräsidenten für die Leitung der Finanzen bis zum Fischereiherrn und zum Gartenaufseher –, verzahnte Kloster und Hofstaat immer enger miteinander. Adelige Fürstäbte und Konventherren sowie bürgerliche wie adelige Beamte bestimmten die geistlich-weltliche Residenz, zu der auch das standesgemäße Sommerschloss in Lautrach gehörte.

Eine gleichartig mächtige Neugestaltung erfuhr das benachbarte Benediktinerkloster Ottobeuren in den Jahren nach 1711. Abt Rupert Neß (reg. 1710–1740) holte wieder Vorarlberger – Franz Beer und Christian Thumb – und begann mit dem Klosterbau, dem die Kirche – im Wesentlichen unter Simpert Krämer und Johann Michael Fischer – seit 1737 folgte; sie wurde aber erst unter seinem Nachfolger 1766 geweiht. Das Tagebuch des Abtes beschwört immer wieder „die Trias als unabdingbare Voraussetzung für das Gelingen seines großen Bauvorhabens“: *Es braucht alles grosse Kösten, sonderbahr aber diese 3 Stuckh, Gelt, Gedult und Verstandt*; wobei freilich die *Benedictio Divina das Werck dirigieren müsse*. Die immensen Kosten sah er durchaus gerechtfertigt, wollte er doch für sein Gotteshaus nur das Beste, auch künstlerisch (Klaus Schwager). Der ‚Klosterstaat‘, der auch hier hinter dem imposanten Gesamtkunstwerk stand, war inzwischen abgerundet und durch die Anerkennung der Reichsunmittelbarkeit seit 1624 gesichert.

Weitere Beispiele für die Baufreude lassen sich anfügen: Irsee zwischen 1692 und 1699, etwa gleichzeitig Wettenhausen, die

Prämonstratenser von Roggenburg über die lange Zeitspanne von 1716 bis 1777, die Zisterzienserabtei Kaisheim ebenfalls seit 1716, ergänzt auch hier 1751 durch die Neugestaltung der Sommerresidenz in Leitheim am Albabhang zur Donau. Sie alle hatten ein Bauelement gemeinsam, das auf ihre Standesqualität verwies: den Kaisersaal. In ihm bildeten sich das Streben nach Prestige und der Anspruch auf fürstlichen Status ab.

Ottobeurens Kaisersaal

„Der Kaiser-, besser Reichssaal in dem als ‚aula' (Hof) bezeichneten westlichen Trakt der Stiftsanlage von Ottobeuren wurde in den Jahren 1723–1726 erbaut und ausgestattet. Er ist eineinhalbgeschossig mit Kolossalordnung und großen Fenstern ... Er verbindet durchgehend Vollsäulen bei der Kolonnade mit sechzehn davor ausgestellten überlebensgroßen goldbronzierten Statuen habsburgischer Kaiser ... Architektur, Bildhauer, Stuckatur und Malerei haben hier gleichermaßen ihre Wirkungsmöglichkeiten in ein vielstimmiges ‚Concerto di tutti' eingebracht." Im Hauptdeckenbild war „die Kaiserkrönung Karls des Großen durch Papst Leo III. und damit die Translatio Imperii dargestellt." (Franz Matsche)

Barocke Baufreudigkeit also allenthalben – der sprichwörtliche ‚Teufelsbauwurm' hatte Schwaben besonders mächtig erfasst; und er reichte weiter über die mediaten Klöster wie Hl. Kreuz in Donauwörth, St. Mang in Füssen und Oberschönenfeld bis zu Wallfahrtskirchen wie Biberbach, Violau oder Kirchhaslach und zahllosen barocken Dorfkirchen. Man hat intensiv darüber nachgedacht, inwieweit diese Prachtentfaltung die Untertanen belastete. Freilich ergibt eine genauere Einschätzung, dass die Baukosten sich über viele Jahre verteilten und dass die Neubauten neben den verpflichtenden Arbeitsleistungen der Untertanen vielen einheimischen Handwerkern Lohn und Brot gaben. Außerdem standen diese schwäbischen Klöster aufgrund eines intensiven Getreidehandels mit den alpinen Regionen auf einem durchaus guten finanziellen Fundament.

Mit einer solchen beeindruckenden Architektur konnte selbst

Benediktinerabteil Ottobeuren: Der Kaisersaal mit Statuen der Habsburger von Anton Sturm, 1725–1727.

das Fürstbistum nicht mithalten. Die Augsburger Residenz, die erst in den Jahren 1743–1752 gebaut wurde – das Prunktor mit Balkon zur Erinnerung an den Besuch Papst Pius' VI. im Jahre 1782 kam erst später dazu – , blieb trotz eines Rokoko-Festsaals bescheiden, sodass man anlässlich des Aufenthalts von Marie Antoinette auf ihrer Durchreise nach Frankreich wegen fehlender repräsentativer Räume das Galadiner in das Stadtpalais des Bankiers Liebert auf dem Weinmarkt verlegte. Da die hochstiftische Regierung in Dillingen Augsburg ohnehin nur untergeordnete Ämter überließ, zudem im südlichen (Markt) Oberdorf und auf dem Füssener Schlossberg die Sommerresidenzen lagen, blieb für die Bischofsstadt selbst nur Zweitrangigkeit. In Dillingen mit seinen Zentralbehörden – ihr Gewicht war freilich nicht sehr groß, weil die Struktur des ‚Staates' eher dezentral angelegt war – entfaltete sich aber durchaus höfisches Leben: „Opern und dramatische Inszenierungen, Ballett und Hoftanz, Feuerwerke und Tafelmusik, Jagdausflüge, Kutschfahrten, Prozessionen und Wasserfahrten, Turniere und andere

Festlichkeiten zogen sich mit großer Regelmäßigkeit über das Jahr hin" (Wolfgang Wüst).

Gegenüber der Reichskirche traten die weltlichen Höfe deutlich zurück. Allenfalls in der Grafschaft Oettingen findet sich eine ähnliche Bautätigkeit in den Residenzen der Hauptlinien in Wallerstein und Oettingen, dazu Spielberg und Baldern. In Oettingen war seit 1679 das ‚obere' katholische Stadtschloss – das ‚untere' der evangelischen Linie war nach dem Aussterben abgebrochen worden – mit repräsentativen Residenzräumen, Wohnhaus und Kanzlei errichtet worden. In Wallerstein hatte die Neubauzeit erst um die Mitte des 18. Jahrhunderts begonnen und zog sich bis ins 19. Jahrhundert hin; doch die Hofmusik des Fürsten Kraft Ernst (1748–1802) mit dem Kapellmeister Franz Anton von Rosetti genoss guten Ruf. Die Nebenresidenz Spielberg erhielt schon ab 1679 eine Schlossanlage, die Burg Baldern wurde durch Gabriel de Gabrieli im 18. Jahrhundert barock umgestaltet.

Jüdische Gemeinden im ‚Medinat Schwaben'

Die Kultur und Geschichte Schwabens wäre freilich unvollständig ohne die Judendörfer; ihre Lebensform gehörte zur Alltagsgeschichte. Dabei hatte die jüdische Landschaft ihre eigene Geografie: *Medinat Schwaben*, das ‚Land' Schwaben in jüdischer Sicht, und *Medinat Ries* oder *Medinat Bodase* waren zunächst lockere Vernetzungen der Siedlungen mit jüdischen Bewohnern, die durch familiäre Verbindungen und Handelsbezirke bestimmt wurden, sich aber auch in den gemeinsamen Kultusgebräuchen niederschlugen. Besonders in der habsburgischen Markgrafschaft Burgau und in der Grafschaft Oettingen, weniger ausgeprägt im Fürstentum Pfalz-Neuburg wurde jüdische Existenz in dieser Zeit möglich. Wie kam es dazu?

Nach der Marginalisierung und Vertreibung im Spätmittelalter fanden die Juden nur mehr wenige Nischen, in denen sie leben konnten, und das war abhängig von den Herrschaftsträgern. Auch hier erwies sich der Zusammenhang mit Kaiser und Reich als besonders wichtig, hatte doch seit Jahrhunderten die Juden-

Thora-Vorhang einer schwäbischen Synagoge. – Jacob Koppel Gans aus Höchstädt, 1772/73 (?), Privatbesitz.

schaft als ‚Kammerknechte' des Kaisers dessen Schutz erhalten, und das blieb auch während der Frühen Neuzeit prinzipiell bestehen. Bezeichnenderweise verwendeten schwäbische Gemeinden den Kaiseradler als Schmuckelement für Thoravorhänge in der Synagoge und den Sederteller für die häusliche Pessachfeier, einzelne große Familien erwirkten sich per Privileg das Recht, den Reichsadler an ihren Häusern anzubringen, um sichtbar zu machen, dass sie *under des Römischen Adlers flügel* lebten.

Faktisch freilich hatte sich der Judenschutz schon lange vom Kaiser auf die Landesherren verlagert; sie bestimmten die Ansiedlung und ihre Bedingungen, zuweilen bestanden sie aber auch auf einer Ausweisung. Wegen der schwachen Landeshoheit der Markgrafschaft Burgau erhoben auch die Ortsherren, vor allem die Reichsritter, Ansprüche auf diese Rechte – und stritten darüber mit der Landesherrschaft. Das komplizierte Dreiecksverhältnis von Kaiser, Landesherr und Ortsherr bot aber auch günstige Chancen für die dauerhafte Gemeindebildung.

Das 16. Jahrhundert war eine sehr labile Phase mit ersten Nachweisen von einzelnen Familien in Ichenhausen (1541), Krumbach-Hürben (1542), Thannhausen (1581) oder Fischach (1586); sie korrespondieren mit kollektiven Ausweisungsbemühungen, wie sie vor allem die Reichskirche, aber auch die Reichsstädte auf Dauer und die Korporation der Reichsritterschaft sowie Markgraf Karl von Burgau zumindest zeitweise durchsetzen konnten; in Pfalz-Neuburg wirkte die wittelsbachische Judenaustreibung aus Altbayern von 1553 nach. Dabei spielten überall nach wie vor die mittelalterlichen antijüdischen Stereotypen eine Rolle. Nur im Wallersteiner Grafschaftsteil der Oettinger, wo 1538 in 13 Orten Juden nachzuweisen waren, hatte sich eine gewisse Kontinuität aus dem 15. Jahrhundert erhalten. Erst nach dem Dreißigjährigen Krieg konsolidierten sich diese jüdischen Siedlungen, eine Reihe von Dörfern an der Iller wie etwa in Altenstadt oder Fellheim kam aufgrund der Peuplierungspolitik des zerstörten Landes dazu.

Die Herrschaftsträger versprachen sich fiskalische und wirtschaftliche Vorteile von den Juden: Vielfältige Abgaben, angefangen von den Consensgeldern für die Ansiedlung und die Schutzgelder für den Aufenthalt über die Jägergelder für den Landesherren, Mess- und Küchengeschenke für den Ortsherrn oder die Spoliengelder für den Ortspfarrer – weil er keine Taufen, Eheschließungen und Beerdigungen vornehmen konnte – bis hin zu dem als besonders entehrend empfundenen Leibzoll belegen, dass man aus den Juden möglichst viel herauspressen wollte. Andererseits profitierte man wirtschaftlich: Da die meisten Juden als Hausierer tätig waren, die das Land mit Waren der großen Messestädte und als Händler mit agrarischen Produkten versorgten, und insbesondere Viehhandel betrieben, zudem in Zeiten ohne ländliches Bankwesen den nötigen Kleinkredit zur Verfügung stellten, vielfach verbunden mit Pfändern und Vieheinstellungen, galten sie als unverzichtbare Garanten der Infrastruktur – waren aber gleichzeitig immer in Gefahr, als unliebsame Konkurrenz verdrängt zu werden.

Nur wenige wie die Ullmann in den Vororten Augsburgs, in Kriegshaber oder Pfersee, oder die Model aus Monheim in Pfalz-Neuburg, gehörten zu den weiträumig agierenden Unternehmern aus einer reichen Oberschicht. Diese Hoffaktoren des Kaisers, des bayerischen Kurfürsten oder auch des Augsburger Bischofs versorgten die stehenden Heere mit Getreide und Viehfutter ebenso wie die Höfe mit Luxusgegenständen. Sie übernahmen oft gleichzeitig das Amt der Vorsteher in den Gemeinden und fungierten damit als Vermittler zu den Herrschaftsträgern.

Die Ulma-Günzburg

Die Ulma-Günzburg waren eine der einflussreichsten jüdischen Familien im süddeutschen Raum. Ihr Stammvater Simon war Vorsteher der Gemeinde Günzburg um die Mitte des 16. Jahrhunderts; über seine Söhne und weitere Verwandte blieb die Familie bis ins 18. Jahrhundert in Pfersee präsent, und damit stieg der Augsburger Vorort zu einem Zentrum des schwäbischen Judentums auf. Aber das Netz lässt sich im 16./17. Jahrhundert noch weiter spinnen bis nach Frankfurt und Prag. Dazu kamen die Beziehungen zu gelehrten Rabbinern der Zeit: einer der Söhne des Simon, Rabbi Ascher Aron, genannt Lemle, amtierte wohl um 1600 als Landesrabbiner von Schwaben, hochgelehrte Mitglieder stellten die Söhne Rabbi Elieser, der ins Heilige Land zog, sowie Rabbi Isaak in Pfersee, der in Jerusalem verstarb. Ein weiterer Sohn Salomon (von Pfersee) steht in Verbindung mit der berühmten sog. Pferseer Handschrift des Babylonischen Talmud, die 1342 in Frankreich fertiggestellt worden war und von 1588 bis um 1800 im Besitz der Familie Günzburg blieb.

„Huldigung von Christen und Juden anlässlich der Ortsvereinigung". – Gemälde von 1784. Stadt Ichenhausen.

Was die Judenorte in Schwaben auszeichnete, war die Größe ihrer Gemeinden; nach einem starken Anwachsen hatten sie im 18. Jahrhundert das gleiche Gewicht wie die Christen vor Ort erreicht. Im Ortsbild standen sich oft Kirche und Synagoge gleichwertig gegenüber – bis heute noch erkennbar in Ichenhausen, Binswangen oder Hainsfarth. Mit der Ansiedlungserlaubnis von Juden war in der Regel der Hausbesitz verbunden, und in der Konsequenz dazu entstanden förmliche ‚Doppelgemeinden': Parallel aufgebaut, beruhten sie auf der gemeinsamen Nutzungsgenossenschaft der Hausbesitzer im Dorf. Ihre Haushaltsvorstände nahmen nicht nur an den Gemeindeversammlungen teil, sondern bestimmten gleichermaßen wie die Christen ihre Repräsentationsorgane, die Vierer und die *Parnossim* (Barnossen) – deshalb vielfach *Judenvierer* genannt – und die Hirten. Beide Vorstehergremien wurden durch den Ortsherrn in ihr Amt eingesetzt. Die Formel, dass die Hausbesitzer mit der Gemeinde *heben und legen* sollten, galt für beide Teile: zum einen das Recht der gemeindlichen Nutzungen, der Allmende, der Ehaftgewerbe der Bäcker, Schmiede; zum anderen das Tragen der Lasten wie Gemeindearbeiten oder Einquartierungen von Soldaten.

Das Selbstverständnis der jüdischen Gemeinden zielte darauf, normale Untertanen zu sein wie die Christen im Dorf. Dies wurde auch gelegentlich so formuliert: In Harburg, in der Grafschaft Oettingen, forderten die Juden eine Gleichbehandlung ein, und 1671 sah auch ein Schutzbrief vor: *im übrigen sollen sie alle auf Ihren Häußern habende onera und andere servitutes, was nahmen selbige seyn möchten* [...] *gleich anderer Unsern Unterthanen und Schutzverwandten tragen.* Vor diesem Hintergrund ist es auch verständlich, dass die Gemeinden der Grafschaft Oettingen die Bedingungen für ihre Schutzbriefe sehr selbstbewusst mit den Amtleuten der Grafen aushandelten (Johannes Mordstein).

Freilich war das Gegenüber der beiden Gemeinden begleitet von zahlreichen Konflikten über die Religionsausübung bis hin zur Beschäftigung christlicher Mägde am Sabbat, den *Schabbesgoijm.* Die jüdischen Familien achteten die Tradition des Judentums, sie lebten in einer ‚traditionellen Orthodoxie', befolgten die Sabbatgebote und die Speisevorschriften ebenso wie den überlieferten Festzyklus. Doch nur selten spitzte sich die latente Abwehr massiv zu: 1717 wurde die jüdische Gemeinde in Thannhausen von den Grafen von Stadion vertrieben; in Pfalz-Neuburg feierte man 1741 die Ausweisung sogar mit einem Volksfest in Monheim. Trotz aller ‚Fremdheit' war die wechselseitige Akzeptanz im Steigen begriffen.

Schwäbische Aufklärung

Der Berliner Aufklärer Friedrich Nicolai goss in seiner Reisebeschreibung von 1781 über die Stadt Augsburg seinen ganzen Spott aus: *Die Katholiken in Augsburg sind doppelt und dreifach katholisch*, bemerkte er, um gleich darauf auch die protestantische Orthodoxie, insgesamt aber das System der Parität von den beiden Stadtpflegern bis herunter zu den Kaminfegern und Stadtpfeifern aufs Korn zu nehmen. Hatte die Aufklärung in Schwaben nicht stattgefunden? Die polemische Sicht solcher Zeitgenossen übersah geflissentlich, dass auch in Süddeutschland eine breit gefächerte Aufklärung zu verzeichnen ist, die nicht zuletzt in Schwaben auf beiden konfessionellen Seiten zu Buche schlug; wenig spektakulär freilich, aber dennoch in markanten Formen wissenschaftlicher Interessen wie öffentlicher Diskussion.

So zeigte sich in der Universitätsstadt Dillingen ein hohes Maß an Aufgeschlossenheit für die modernen Wissenschaften. Nach der Aufhebung des Jesuitenordens 1773 und der Reform des Studiums 1786 rezipierte die Universität mit dem Moraltheologen Johann Michael Sailer, dem Juristen Joseph Thomas von Haiden und dem Dogmatiker Benedikt Patriz Zimmer das Aufklärungsdenken, vor allem aber mit Joseph Weber, der seit 1781 den Lehrstuhl für Philosophie innehatte und im Bereich der Elektrizität experimentierte; er gründete auch eine Lesegesellschaft, der Regierungsbeamte, Offiziere und Adelige angehörten und der sein Vorstand Josef Graf Fugger von Glött als Direktor eine Bibliothek zur Verfügung stellte.

In den Bibliothekskatalogen der Benediktinerklöster St. Mang in Füssen und Hl. Kreuz in Donauwörth finden sich die wichtigsten Titel der modernen Wissenschaften und der internationalen Aufklärungstheorie. Herausragende Gelehrte im Konvent von Ottobeuren waren neben Vertretern des Kirchenrechts und der kritischen Historie vor allem der Naturwissenschaftler P. Ulrich Schiegg (ab 1770), der ein Naturalienkabinett einrichtete, physikalische Versuche unternahm und 1784 – zwei Monate nach den Brüdern Montgolfière – erfolgreich einen ersten Heißluftballon im Klosterhof startete. Das basierte nicht zuletzt auf der intensiven Zusammenarbeit mit der 1617/18 in Salzburg gegründeten Benediktineruniversität; an ihr stellte allein Ottobeuren 5 Rektoren und 22 Professoren. Auch das benachbarte Irsee gehörte zu den Wegbereitern der katholischen Aufklärung, denn nicht weniger als drei Mitglieder des Konvents wurden in die 1759 gegründete Bayerische Akademie der Wissenschaften berufen. Wieder war es mit Ulrich Weiß (Profess 1729) ein Vertreter der mathematisch-naturwissenschaftlichen Materie, der sich in seinem Hauptwerk ‚Liber de emendatione intellectus humani' (Über die Verbesserung des menschlichen Verstandes) von 1747 kritisch mit der Erkenntnistheorie im Anschluss an Descartes und Locke auseinandersetzte.

Freilich lässt sich diese Offenheit für die neuen Wissenschaften nicht generalisieren, denn auf der anderen Seite blieben einflussreiche Klöster wie das Fürststift Kempten oder die Abteil Elchingen bei Ulm sehr zurückhaltend. Und daneben ist sicher an die Hexenverfolgung zu erinnern, die in Schwaben außergewöhnlich lange anhielt – wenn auch die angeblich letzte Hinrichtung einer Hexe in Kempten 1775 inzwischen ins Reich der Legende verwiesen werden muss, weil das Urteil nicht vollzogen wurde. Immerhin waren seit der letzten großen Welle der Hexenverfolgungen um 1700 weitere Einzelfälle in Schwaben zu registrieren, auch wenn sie bereits von entschieden aufgeklärten Gegenstimmen begleitet wurden.

In den protestantisch geprägten Reichsstädten gab es ebenfalls vielfältige Ansätze für eine wissenschaftliche und publizistische Öffnung. So zeigen sich beispielsweise in der Doppelstadt Kempten breit gefächerte Tendenzen zu einer Überwindung konfessioneller Verhärtung.

Kemptener Aufklärer

In der Reichsstadt bildete sich schon in den 1770er-Jahren ein Zirkel von Aufklärern mit dem Stadtarzt Christoph Jakob Mellin und den Predigern Leonhard Friedrich Dürr und Johann Georg Lunz, die Vernunft und Offenbarungsglauben miteinander versöhnen wollten. Der Syndikus Johann Martin Abele übernahm einen Verlag mit Druckerei, die ‚Typographische Gesellschaft', übersetzte Aufklärungswerke, verlegte freimaurerische Schriften und betrieb eine Sortimentsbuchhandlung. Seine Zeitschriften ‚Historisches und statistisches Magazin vornehmlich für Deutschland' und die ‚Neuesten Weltbegebenheiten' gewannen überregionale Resonanz. In ihr arbeitete auch der stiftische Hofkaplan Dominikus von Brentano mit. 1786 übernahm der Drucker Joseph Kösel die Typographische Gesellschaft, brachte zudem als Neuerscheinung die ‚Frauenzimmer-Zeitung' heraus.

Mit Brentano war die Aufklärung auch im Benediktinerkloster präsent geworden, unterstützt vom Fürstabt Rupert von Neuenstein (reg. 1785–1793). Er war ein Verehrer Josephs II. und brachte als wichtigstes Werk eine Übersetzung des Neuen Testaments heraus, „eine kommentierte historisch-kritische Übertragung, die vom Urtext ausging und in Einklang mit den Grundsätzen der Aufklärung stand". Die ehemals konfessionellen Gegensätze wurden endgültig in der 1787 gegründeten Freimaurerloge ‚Zur aufgehenden Sonne' überwunden, die unter ihrem ersten Meister von Stuhl Johann Jacob Jenisch die beiden Kemptener Städte umfasste und ihrerseits eng mit der Kaufbeurer und Memminger Aufklärung verbunden war. (Wolfgang Petz)

In diesen Kontext wären auch Christoph Martin Wieland (1733–1813) in seiner Biberacher Zeit als Kanzleidirektor zu stellen oder seine Cousine Marie Sophie Gutermann, verh. La Roche (1731–1802), aus Kaufbeuren, die in Augsburg ihre Jugend verbrachte. Sie sorgte mit ihrem Roman ‚Geschichte des Fräulein von Sternheim' (1771) für Furore wegen ihrer „ungeschminkten Aufrichtigkeit" (Hans Pörnbacher).

Spiegelt sich also in diesen Zirkeln erneut die Kommunikation in der oberschwäbischen Städtelandschaft, so war in Augsburg demgegenüber eher eine gebremste Aufklärung zu spüren. Zwar gab es vor dem Hintergrund eines breit angelegten Verlagswesens eine starke historiografische Tradition, die ihren Höhepunkt in Paul von Stetten d. Ä. mit seiner ‚Geschichte der Stadt Augspurg' (1743/58) und seinem Sohn Paul d. J. in dessen Schriften zum Patriziat und zur Handwerks- und Kunstgeschichte fand. Der gelehrte Pfarrer Johann Jakob Brucker, Begründer der Philosophiegeschichte der Neuzeit und Mitglied berühmter Akademien, und eine beachtliche Gruppe von Naturforschern, Medizinern und Instrumentenmachern – etwa Georg Friedrich Brander mit dem ersten Spiegelteleskop von 1737 – sorgten für Kontakte in die intellektuelle Welt. Doch die zentrale Rolle der protestantischen Orthodoxie und der Jesuiten verhinderte einen weitergehenden Ausgleich der Konfessionen. Immerhin war die Publizistik mit Maschenbaurs ‚Wochentlich Ordinari Post-Zeitung' seit 1704 und dem ‚Intelligenz-Zettel' seit 1745 vertreten, während Friedrich Daniel Schubarts ‚Deutsche Chronik' zwar in Augsburg konzipiert wurde, aber dann ab

März 1774 doch in Ulm erschien. Die Reichsstädtische Akademie, die nach Vorstufen 1710 gegründet worden war, fand als Kunstschule auch außerhalb Augsburgs bei Künstlern und Gelehrten Beachtung. Dennoch spielte sich der Aufklärungsdiskurs eher in informellen Zirkeln ab.

Überlebte Duodezherrschaften oder fruchtbare Kleinkammerung?

Schwaben stand lange Zeit unter dem Verdikt der ‚Zersplitterung': kleine und kleinste Herrschaften der Klöster und Adeligen, die nicht in der Lage waren, in ihrer lokalen Borniertheit moderne Prinzipien der Staatlichkeit zu entwickeln, der Kirchtumshorizont der Reichsstädte, deren verknöcherte Oligarchien stets nur den eigenen Vorteil suchten – weshalb der ‚schwäbische Flecklesteppich' notwendigerweise durch eine ‚napoleonische Flurbereinigung' beseitigt werden musste. Dieses Verdikt ist nicht nur im Detail ungenau, sondern auch im Ansatz problematisch, weil es aus der Sicht des späteren, gewollt einheitlichen Nationalstaates stammt.

Sicher ist es zutreffend, dass die Kleinkammerung Schwabens keine ‚Staaten' hervorbrachte, die im ‚Konzert der Mächte' mitspielten konnten, sei es aus eigener Kraft oder als Bündnispartner der Großen. Im Gegenteil: Aus dieser Perspektive blieb es eher Opfer. Das zeigte sich sehr deutlich im Spanischen Erbfolgekrieg seit 1700. Wieder war Schwaben Kriegsschauplatz mit den entsprechenden Kontributionen, Einquartierungen und menschlichen Opfern – auch wenn sie sich nicht so gravierend auf die Demographie auswirkten wie im Dreißigjährigen Krieg. Zudem war es Gegenstand des politischen Kalküls: Kurfürst Max Emanuel von Bayern (1679/80–1726) setzte im Zuge seines Strebens nach der Königskrone auch die expansive Politik seiner Vorgänger nach Schwaben fort. Frankreich lenkte Max Emanuel vom spanischen Erbe auf das Reich ab und lockte mit einem weitgehend geschlossenen staatlichen Gebilde zwischen Inn, Donau und Oberrhein, unter Einschluss der Reichsstädte Augsburg, Regensburg und Nürnberg und der bischöflichen Hochstifte. Mit der Eroberung Ulms 1702 und der anschließende Besetzung Schwabens wollte Max Emanuel Fakten schaffen, riskierte freilich mit dem Bruch des Reichsrechts und dem Bündnis mit Frankreich die Mobilisierung der Gegner. Nach der verlorenen Schlacht der Bayern und Franzosen am 13. August 1704 gegen kaiserliche und englische Truppen verlor er auch die bayerische Herrschaft Mindelheim an John Churchill Herzog von Marlborough, einen der beiden Sieger von Höchstädt – erst die Friedensschlüsse von 1714 gaben die Herrschaft wieder an Max Emanuel zurück. Der schwäbische Reichskreis hatte in diesem Krieg lediglich seine sicherungspolitischen Aufgaben erfüllt – so wie das zu den Zielen der Kreise seit ihrer Einrichtung 1500/12 gehört hatte. Das war eine Form von Politik, die innerhalb des Reiches die drängenden Probleme an der Basis lösen sollte: den Landfrieden, die Versorgung, die Abwehr drohender Instabilität. Auf eine Außenpolitik im europäischen Rahmen war Schwaben nicht eingestellt.

Auf Dauer war aber der Schwäbische Kreis genau mit dieser Politik erfolgreich: In überterritorialer Kooperation fasste er Beschlüsse für Ordnung und Sicherheit gegenüber dem immer schwieriger werdenden Bettler- und Räuberwesen oder der Seuchenbekämpfung, für die ökonomische Versorgung erließ er Mandate gegen den Export von Feldfrüchten und Rohstoffen (Flachsgarn), sorgte für das Münzwesen wie den Chausseebau. Die weite Ausdehnung des Kreises nach Westen und die Unübersichtlichkeit kompensierte er mit der Organisation von Kreisvierteln mit ihren dezentralisierten Kreiskonventen – Ostschwaben stand als ‚Augsburger Viertel' unter dem Vorsitz des Augsburger Bischofs. Es unterhielt nicht nur ein eigenes Zuchthaus in Buchloe, organisierte regelmäßige Streifen mit 6 bis 7 Mann unter einem Offizier, führte Bettelzeichen ein; um die Mitte des 18. Jahrhunderts wurde den Kreisvierteln auch die Verantwortung für den Straßenausbau übertragen. Vor diesem Hintergrund wohnte der Kleinkammerung zweifellos keine staatliche Dynamik inne, wohl aber die Alternative einer erfolgreichen politischen Kooperation von gleichberechtigten Partnern.

Dabei sticht ins Auge, dass gerade die wirtschaftliche und kulturelle Kompetenz in Regionen der Kleinkammerung recht

Die Gesandten des Schwäbischen Kreises bei einer Sitzung im Ulmer Ratssaal. – Kupferstich von Jonas Arnold, 1669. Germanisches Nationalmuseum Nürnberg.

hoch ausfiel. Auch wenn die Bedeutung der zentralen Wirtschaftslandschaft des 16. Jahrhunderts nicht mehr im gleichen Maße gegeben war – die Verlagerung der Handelswege nach Westeuropa war nicht zu übersehen –, so blieb trotz der Einbußen Schwaben innerhalb des süddeutschen Raumes eine hoch entwickelte Gewerberegion mit protoindustriellen Zügen wie einem breit gefächerten Zunfthandwerk. Seine interregionale Verflechtung in Mitteleuropa wurde nach wie vor von den Handels- und Bankhäusern der Städte getragen, aber selbst im weltweiten Handel blieben sie präsent. Derartiges hatten die benachbarten frühmodern verdichteten Staatswesen wie Bayern oder Württemberg nicht zu bieten.

Und kulturell? Zweifellos fehlten nun Spitzenwerke der Kunst wie sie an den großen fürstlichen Höfen zu finden waren, fehlten die intellektuell führenden Landesuniversitäten und -akademien. Vielleicht ist das Beispiel Mozart charakteristisch: Eingebettet in die beachtliche Musikpraxis im *Collegium musicum* in Augsburg war schon der Vater Leopold Mozart schöpferisch tätig; aber das konnte nicht verhindern, dass er 1737 nach Salzburg übersiedelte – auch wenn er das Augsburger Bürgerrecht behielt. Sein in Salzburg geborener Sohn Wolfgang Amadeus (1756–1791) war nur mehr zu Gast in Augsburg – und führte mit seinem dort lebenden *Bäsle* (Maria Anna Thekla, 1758–1841) einen reizvollen Briefwechsel.

Dennoch konnte Schwaben eine große Breite an kulturellen Einrichtungen bieten, die zumindest den Anschluss an die Zentren hielten. Was es aber den mächtigeren Territorien voraus hatte, war die Praxis der religiösen Koexistenz, sei es zwischen den christlichen Konfessionen in den bikonfessionellen Reichsstädten, sei es mit der Akzeptanz jüdischer Gemeinden auf dem Land, deren Entwicklung einen pragmatischen Weg der Emanzipation andeutete. Kleinkammerung bedeutete also nicht primär Rückständigkeit, vielmehr Offenheit mit bemerkenswerten Potentialen.

Das 19. Jahrhundert: Der Weg ins Königreich

Mit dem Umbruch an der Wende zum 19. Jahrhundert änderten sich die Koordinaten Schwabens grundlegend: Räumlich gesehen, schwächte sich mit der Einbeziehung in das neue Bayern die Orientierung nach Westen ab; demgegenüber überdeckte Münchens Anziehungskraft als Hauptstadt zunehmend die Eigenständigkeit. Politisch wurde aus der schwäbischen Region des Reiches eine bayerische Provinz. Und mental rührte der Verlust der Reichsstandschaft und ihrer Einebnung in den modernen Flächenstaat an das Selbstverständnis der alten Eliten, mussten sie doch ihren jeweiligen Stellenwert erst neu ausloten. Dennoch war das alte Potenzial nicht wertlos, denn die wirtschaftliche Umwälzung der Industrialisierung und die Umformung zur bürgerlichen Gesellschaft konnte an starke Traditionen der Region anknüpfen. Die alte Reichstradition aber hielt den Blick offen für einen neuen Großstaat, sodass Schwaben letztlich den Spagat zwischen der Zugehörigkeit zum bayerischen Königreich und einem nationalstaatlichen deutschen Kaiserreich erprobte.

Neue Herren: Mediatisierung und Säkularisation

Als 1799 Max IV. Josef aus der Linie Pfalz-Zweibrücken die Regierung in Bayern antrat, waren die Weichen für eine Neuordnung schon gestellt. Die Politik Napoleons zielte auf eine völlige Umgestaltung Europas, Bayern schwenkte bald in diese Neuordnung ein, versprach es sich doch, endlich das Ziel der Königswürde und der territorialen Vergrößerung zu erreichen. Nach den Revolutionskriegen auf der Seite des Kaisers gewann es seit 1801 an der Seite Frankreichs bei der Umgestaltung, die man sehr euphemistisch als ‚napoleonische Flurbereinigung' bezeichnet hat. Kernpunkte waren dabei die Aufhebung der

Herrschafts- und Besitztitel der Reichskirche und die Einbeziehung des autonomen Adels und der Reichsstädte in die neue Staatlichkeit.

Erste Station auf diesem Weg war der Reichsdeputationshauptschluss von 1803: Das Hochstift Augsburg, das Fürststift Kempten und die Reichsklöster wurden säkularisiert, die ganze Reihe der Reichsstädte von Nördlingen bis Lindau mediatisiert – mit Ausnahme von Augsburg, das seinen Status noch unter Aufbereitung erheblicher finanzieller Mittel retten konnte. Mit dem zweiten Schritt, verursacht durch die Verträge von Brünn und den Frieden von Pressburg 1805 sowie die Rheinbundakte 1806, übernahm Bayern ehemals vorderösterreichische Besitzungen, vor allem die Markgrafschaft Burgau, mediatisierte die Reichsgrafen und die Reichsritterschaft – und erhielt nun auch die Reichsstadt Augsburg. Der Pariser Vertrag von 1810 samt dem Ausgleich mit den Nachbarn Württemberg zerschnitt dann das Ries wie das Allgäu und etablierte die Illergrenze; nun erst kam Ulm an Württemberg. Das ‚bayerische Schwaben' war geboren, der seit dem Spätmittelalter immer wieder zu beobachtende Ausgriff der Wittelsbacher nach Westen erfolgreich abgeschlossen.

Wie empfanden die Menschen diese Neuordnung? Zweifellos gespalten: Auf der einen Seite steht der Eintrag des Pfarrers Magnus Scharpf in sein *Urbarium von der Pfarrey Thalhofen* im Allgäu 1802: *Wir sind also bayrisch – Gott Gnade uns allen!*, auf der anderen die Einschätzung des Ulmer Stadtsyndikus Holl, der 1802 nach München schrieb: *Ich darf es ohne Schmeichelei und ohne irgendeine Nebenabsicht untertänig versichern, daß allhier* [...] *das Volk im allgemeinen glaubt und wünscht, bayerisch zu werden.* Dem Patriziat war sehr daran gelegen, Reichsfreiheit und Privilegien zu erhalten, während die Kaufleute von der Mediatisierung Aufschwung und wirtschaftliche Vorteile erwarteten. Bei der Reichskirche herrschte noch die Vorstellung, die neue Zugehörigkeit würde nicht auf ihre innere Struktur einwirken.

Im Allgäu dagegen sah die Situation bedrohlicher aus: Der Tiroler Aufstand 1809 unter der Parole ‚Für Kaiser, alte Landesverfassung und katholischen Glauben' fand dort nicht nur

Sympathisanten, sondern er strahlte auch als gewaltbereite Opposition gegen die bayerische Herrschaft über Vorarlberg nach Lindau und in die ehemalige Grafschaft Königsegg-Rothenfels bzw. die ehemaligen hochstiftischen Gebiete aus. Die Bevölkerung reagierte damit auf die überzogene Haltung der neuen Staatsgewalt und zudem auf die Belastungen, die die Koalitionskriege mit sich gebracht hatten. Ihre Anführer wollten die bayerische Herrschaft abschütteln und ihre Heimat wieder in den österreichischen Staatsverband eingliedern.

Der massive Eingriff in die bisherigen Herrschaftsstrukturen und Lebensformen war zweifellos gravierend. Ging doch der neue bayerische Staat von der Vorstellung aus, anstelle der gewachsenen Verhältnisse einen rationalen, vom Zentrum her hierarchisch gegliederten Flächenstaat zu schaffen. Die volle Souveränität – mit dem Königtum von 1806 auch nach außen sichtbar geworden – lag nun beim Staat allein, und das bedeutete die Aufhebung aller bisherigen Privilegien der Stände; das Ziel war eine einheitliche Untertanenschaft; nicht umsonst hat man vom ‚Staatsabsolutismus' gesprochen. Erst die anschließende Verfassung von 1818 milderte diesen rigiden Zugriff ab, gab dem Drang nach Mitbestimmung in der Ständeversammlung auf Staatsebene ebenso nach wie mit der partiellen Selbstverwaltung auf Gemeindeebene.

Enteignung zugunsten des Staates

Bei der Zerschlagung der Reichskirche gab man sich freilich nicht damit zufrieden, die Herrschaftsrechte zu übernehmen, sondern realisierte gleichzeitig die Kirchenkritik der Aufklärung, hob deshalb die Klöster und Stifte auf und setzte die Mönche und Nonnen mit Pensionen auf den Aussterbeetat. Das Hochstift Augsburg und die elf Reichsabteien Schwabens kamen so an den bayerischen Staat, und damit 96 Quadratmeilen Fläche mit etwa 200 000 Einwohnern und einem Jahreseinkommen von knapp 1,2 Mill. Gulden. Die Enteignung zugunsten des Staatssäckels war nahezu total: Die grundherrschaftlichen Güter fielen ebenso an ihn wie die Klostergebäude und ihr

Inventar. Damit wurde der bayerische Staat zum größten Waldbesitzer – bis heute. Die Klosterökonomien wurden in Schwaben zunächst vor allem an die Dorfgemeinden und Klosterhandwerker verpachtet und anschließend veräußert. Von den Kunstwerken und großen Bibliotheken gingen die besten Stücke an die Bayerischen Sammlungen oder als Entschädigung an Standesherren – wie etwa die Bestände von St. Mang und Hl. Kreuz an die Grafen von Oettingen; lediglich Ottobeuren konnte wesentliche Altbestände retten. Vieles wurde auch einfach unwiederbringlich zerstört.

Die Eingriffe in die Kirchenorganisation waren erheblich, verloren doch viele ländliche Gemeinden ihre Ordenspfarrer und die Stellen mussten nun neu besetz werden. Die bäuerlichen Hintersassen wechselten zwar nur den Herrn, doch die gleichzeitig angestrebte Ablösung der Grundlasten konnten nur wenige bewerkstelligen; die zahlreichen Bediensteten verloren dagegen meist ihren Lebensunterhalt. Andererseits bekam nun die Kirche langfristig einen neuen gesellschaftlichen Stellenwert: An die Stelle der vielfach reich dotierten Pfründen in den Stiften trat nun eine ‚bürgerliche' Geistlichkeit; die adelige Reichskirche gehörte der Vergangenheit an. Abgesehen vom ersten amtierenden Augsburger Bischof war keiner mehr adeliger Herkunft.

‚Staatsabsolutismus'

In der schwäbischen Städtelandschaft mit ihrer Dominanz reichstädtischer Autonomie hätte der Wandel nicht gravierender ausfallen können: Die Selbstverwaltungskompetenz wurde zunächst in der ‚Munizipalverfassung' so massiv beschnitten, die geringen Rest der bürgerlichen Vertretung zudem unter die Kuratel eines kurfürstlichen Kommissärs gestellt, dass von der ‚Stadt' nur noch eine bürokratische Einheit der staatlichen Verwaltung blieb – erst mit dem Gemeindeedikt von 1818 setzte die Gegenbewegung ein, nun aber im Rahmen der von der Staatsverfassung eingeräumten ‚delegierten' Selbstverwaltung. Der Augsburger Bankier Johann Lorenz Schaezler unterzog die

Situation des patrizischen Stadtkommissärs Franz Xaver von Pflummern dem vernichtenden Urteil, *daß der Commis und der Stadt-Kommissar in gleichem Verhältnis stehe: jeder diene für Sold: der Kaufmann allein sey der selbständige Mann.* Selbst die Bürgeropposition – die sich von München eine verbesserte Position erhofft hatte – ging nach wie vor von dem Ideal des genossenschaftlichen Bürgerverbandes aus; sie war vom Regen in die Traufe gekommen, denn aus der Patrizierherrschaft entlassen, war sie nun vom modernen Staatsabsolutismus bedroht. Im Wandel der Gesellschaft hatten die alten ständischen Kategorien in der Oberschicht ihre Bedeutung verloren.

Ein neues Bürgertum entsteht

Das alte Patriziat Memmingens löste sich schrittweise auf – auch wenn die Zoller, Unold, Grimmel als Großhändler noch an der Spitze der Steuerzahler standen und Eduard von Schelhorn zum Fabrikanten wurde, die meisten wanderten als Gutsherren ab oder übernahmen staatliche Ämter. Ihre Stelle im Magistrat traten die Kaufleute als stärkste und bestimmende Gruppe an, ein neues Bildungsbürgertum entstand und nach und nach spielten die Fabrikanten eine gewichtige Rolle. An den Traditionen hielt aber auch die handwerklich-gewerbliche Mittelschicht fest – an ihrer Spitze die Wirte und Brauer. Hatte das um Schwaben vergrößerte Neu-Bayern mit seinem größeren Wirtschaftsraum einen Aufschwung gebracht? „Die Memminger Wirtschaft fühlte sich in der ersten Hälfte des 19. Jahrhunderts von den Behörden eher eingeengt als gefördert" (Paul Hoser).

Auf dem Land war der Zugriff prinzipiell der gleiche: Die Gemeinde wurde auf die Funktion eines Steuerbezirks reduziert und damit völlig umgewandelt. Freilich hatte sich die innere Struktur in der frühen Reformphase tatsächlich nur wenig verändert: Die Entscheidungsträger im Dorfverband waren nach wie vor die gleichen geblieben, die neuen ‚Gemeindeberechtigten' konnten ihre innerdörflichen Konkurrenten und den Zuzug von außen abwehren und sich im Kampf um die Ressourcen stabilisieren. Sie konnten „auf ein reiches und vom Gemeindeedikt von 1808 vielfach unbeeinflusstes Gemeindeleben, auf Dorfordnungen, ältere Vereinbarungen über Bewirtschaftungsformen, Nutzungsrechte und auf Regelungen der Ehaftgewerbe zurückgreifen" und dann nach 1818 auf die Freiräume setzen, um „an überlieferte und eingespielte Gewohnheiten anzuknüpfen" (Jörg Westerburg). So klagte der Landrichter von Göggingen 1814: *Es geschieht bey jenem unuebersehbaren Zusammenfluß an Anordnungen, Ab= und Derogierungen, Nachträgen, Erläuterungen und Interpretationen in Allem nur etwas, und dieß meist nur auf der Oberfläche, weil der Postulate zu viele, und ihre Formen zu erschwerend* seien – das war nichts anderes als das Eingeständnis eines Scheiterns der Bürokratie. Faktisch jedenfalls hatten sich die traditionellen Gemeindeverbände als zählebig und dominanter erwiesen als der vielfältige Reformwille der Zentralbehörden.

Am wenigsten geschoren wurde der Adel. Zwar verlor er (fast) alle öffentlichen Rechte an den neuen Staat, aber er behielt doch eine herausgehobene Stellung: Sein Besitz wurde nicht eingezogen, sodass die Familien weiterhin zu den größten Grundeigentümern der Region gehörten, und zudem gestand der Staat ihnen für ‚ihre' Dörfer und Höfe die niedere Gerichtsbarkeit als Patrimonialgericht zu; freilich übten sie diese nun unter staatlicher Aufsicht aus, konnten damit aber ihre herrschaftliche Position weiter kultivieren. Nach wie vor eine Spitzenstellung hatten die ‚Standesherren' inne, die ehemaligen Reichsfürsten und -grafen, die sich nach einer anfangs ablehnenden Haltung langsam mit der bayerischen Politik versöhnten. Anselm Maria Fugger von Babenhausen, noch 1802 in den Fürstenstand erhoben, empfing nicht nur Kaiser Franz 1814 in Memmingen, sondern entwickelte in einer anonym erschienen Schrift „den Plan eines neuen Kaiserreichs mit Souveränitätsbeschränkung Bayerns und mit Ausdehnung Österreichs über ganz Ober- und Ostschwaben bis zum Lech" (Wolfgang Zorn).

Auf dem Weg in die Provinz

Die Gestalt Schwabens gewann erst nach und nach ihre charakteristische Form. Bei der Einrichtung der Kreise 1808 – Bayern war *ohne Rücksicht auf die bisher bestandene Einteilung in Provinzen in ungefähr gleiche Kreise* zu gliedern – umfasste es den Oberdonaukreis mit Ulm als Zentrum, den Illerkreis mit Kempten und dem Lechkreis mit Augsburg, der auch am westlichen Oberbayern Anteil hatte. Bei einer schrittweisen Reduzierung wurde schon 1810 letzterer aufgelöst; 1817 schließlich blieb nur noch der Oberdonaukreis übrig, der allerdings nurmehr bis zur Alb reichte; nun wurde auch Augsburg Hauptstadt und die schwäbische Kreisregierung unter Generalkommissar Karl Ernst Frhr. von Gravenreuth amtierte ab sofort in der säkularisierten fürstbischöflichen Residenz. Als sich Ludwig I. 1837 für die ‚historische' Umbenennung nach Stämmen entschied, erhielt ‚Schwaben' seine für lange Zeit gültige Gestalt: vom Ries bis zu den Alpen, von der Iller bis zum Lech, samt dem (ehem. pfalz-)neuburgischen Gebiet. Dass auf der Ebene der unteren Verwaltungseinheiten nun ein Netz von Landgerichten nach altbayerischem Muster über die bisherigen Strukturen gestülpt wurde, von dem neben den standesherrlichen Besitzungen nur die größeren Städte mit eigenen Policeycommissariaten ausgenommen waren, lag in der Konsequenz einer Auflösung der Herrschaftstraditionen.

Eine eigene politische Repräsentation kam in einem so zentralistisch angelegten Staatswesens erst spät in Gang. Die alten landständischen Verfassungen – die sich im Stift Kempten, in Vorderösterreich und in Pfalz-Neuburg herausgebildet hatten – waren schon mit der Konstitution von 1808 aufgehoben worden, die Verfassung von 1818 konzentrierte sich auf die gesamtbayerische Vertretung. Erst 1828 wurden ‚Landräthe' eingerichtet, die freilich lediglich die Kreisregierung beraten sollten. Immerhin waren ihre 48 Mitglieder, nach dem Muster der bayerischen Ständeversammlung zusammengesetzt, eine erste repräsentative Vertretung des Kreises; 1852 wurden sie zur ‚Kreisgemeinde' als juristischer Person erweitert, waren aber bis zum Ende des Königreich kein echtes Selbstverwaltungsorgan. Auch wenn der ‚Landrath' keine wirkliche politische Funktion entwickelte, so lag in ihm immerhin eine gewisse Integrationswirkung für die ‚Spitzen' der schwäbischen Gesellschaft.

Längerfristig musste jedoch der Staat in diesem ‚Neubayern' Perspektiven anbieten, Bayern musste in den Köpfen der Menschen präsent werden. Wer hatte in Bayern eine Zukunft? Der Adel, statistisch gesehen, nur bedingt: Insgesamt waren etwa zwei Dutzend Familien aus Schwaben im nunmehrigen bayerischen Adel immatrikuliert; davon kamen freilich nur zwölf Mitglieder im ‚Reichsrat', der Zweiten bayerischen Kammer, zum Zuge. Das Standesbewusstsein machte den Prozess der sozialen Integration nicht gerade leichter. Und doch funktionierte die Neuorientierung mitunter sehr gut.

Fürst Ludwig von Oettingen-Wallerstein

Geboren 1791 als Sohn des aufgeklärten Regenten Kraft Ernst, dessen barocke Hofhaltung sich noch mit patriarchalischer Herrschaftsauffassung verbunden hatte – ein typischer Vertreter des alten Reichsadels also –, war Ludwig bereits 1808, kurz nach der Mediatisierung, als Kronobersthofmeister in bayerische Dienste getreten – übrigens ganz parallel zu Fürst Anselm von Fugger-Babenhausen, der Kronoberstkämmerer wurde. Mit König Ludwig verbanden Fürst Ludwig die Studienjahre an der Landshuter Universität. Er wirkte 1815–22 in den beiden Ständeversammlungen von Stuttgart und München, verlor aber 1823 aufgrund einer unstandesgemäßen Ehe seine Stellung als Regierender des Hauses. Die Konsequenz war der Eintritt in die Politik: Als Generalkommissär machte Fürst Ludwig von Oettingen-Wallerstein 1828–1831 hier in Schwaben seine „ersten Erfahrungen im Staatsdienst", ehe er dann als Innenminister nach München berufen wurde und schließlich 1847/48 das Ministerium im Vorfeld der Revolution von 1848 leitete: ursprünglich ein Liberaler, der 1832 den konservativen Schwenk des Königs mit vertrat; ein „Fürst-Proletarier" – so nannte man ihn aufgrund seiner „gemäßigt fortschrittlichen" Politik. (Karl-Heinz Zuber)

Bayerische ‚Reichspropaganda'

Daneben schwenkte die bayerische Politik bewusst auf die regional vorhandenen Traditionen ein und bediente sich dabei einer eigenen ‚Reichspropaganda'. König Ludwig I. wollte mit

Reise König Ludwigs I. durch Schwaben 1829. – Huldigung der Landgerichte aus dem Oberallgäu. Bericht des Julius Frh. v. Ecker v. Eckhofen, Augsburg 1830.

ihrer Hilfe den Zusammenhalt auf der Basis der Stämme konstituieren: Mit dem offiziellen Titel *König von Bayern, Pfalzgraf bei Rhein, Herzog von Bayern, Franken und in Schwaben* sollte auch im westlichen Neubayern die Anknüpfung an eine Stammestradition sichtbar werden. Das gleiche Ziel verfolgte die Aufnahme des heraldischen Zeichens für die Markgrafschaft Burgau, des rot-weißen Sparrens mit dem goldenen Pfahl, als Merkmal für Schwaben in das Staatswappen von 1835 – freilich konnte der ehemalige vorderösterreichische Besitz nur bedingt ganz Schwaben repräsentieren; die (halben) staufischen Löwen kamen jedoch erst mit dem Freistaat 1923 in das Staatswappen.

Zum wichtigen Element wurde die Gründung des historischen Kreisvereins. Schon seit den 1820er-Jahren durch Johann Nepomuk von Raiser, dem Regierungsdirektor bei der Kammer des Innern im Oberdonaukreis, in Gang gebracht, betonte im *Antiquarium Romanum* und *Altertumsbureau* vor allem die römische Vergangenheit, bevor König Ludwig mit einem Kabinettsbefehl von 1827 Richtlinien aufstellte, die in Schwaben dann 1833/35 umgesetzt wurden – allerdings erst nach mehrfacher Aufforderung. Von Raiser begründete das süffisant damit, dass hier *bereits alles dasjenige schon geschehen und ins Leben getreten oder in voller Wirksamkeit begriffen* sei, was anderswo erst gefunden werden müsse.

Tatsächlich traf das Konstrukt der Stämme einer bayerischen ‚Nation' auf eine Realität, deren eigenständige Traditionen durchaus selbstbewusst ausgespielt wurden. Die Reise Ludwigs durch den Oberdonaukreis im Sommer 1829 ließ dieses konkurrierende Verhältnis deutlich werden.

König Ludwigs I. Reise durch Schwaben

Inszeniert von jenem Generalkommissär Fürst Ludwig von Oettingen-Wallerstein, sollte der Besuch den *bayerischen Reichspatriotismus* demonstrieren, den er auch in seiner eigenen Politik in Schwaben besonders kultivierte. Überall wurden Ehrenpforten errichtet, allein 49 auf dem Weg von Donauwörth bis Augsburg; auf dem Zug durch die Lande huldigte ihm das Volk: „Reitereskorten, der örtliche Adel und die Honoratioren, Dorf für Dorf die Pfarrer im Chorrock, Kinder in den ‚Nationalfarben', Blumen, Glocken, Böllerschießen, türkische Musik". Die Willkommensgrüße priesen in poetischer Überhöhung den König und schwuren ihm Treue, Geschenke landestypischer Art wurden ihm überreicht, Bälle mit den Honoratioren abgehalten.

Höhepunkt war der Festzug; die Stadt Augsburg präsentierte sich mit 42 Gruppen aus 29 Innungen, allen voran die Weber: „Mit Stolz trugen sie neben alten Zunftinsignien und einem noch von einem Fugger gewebten Stück Tuch auch Gegenstände aus der Zeit des Kaisers Otto und Bischofs Ulrich mit, in der – so die Legende – die Weber in der Schlacht auf dem Lechfelde sich ausgezeichnet hatten".

Dieser Ablauf wurde auch in Mittel- und Südschwaben durchgespielt, in Memmingen, Lindau und Kaufbeuren, aber auch beim Durchzug durch Landgemeinden wie Heimenkirch. Bei jeder passenden Gelegenheit bemühte man sich, die Verbundenheit mit dem Haus Wittelsbach zu thematisieren: mit dem Hinweis auf die Burg Oberwittelsbach als Stammsitz innerhalb des Kreises, aber auch im Rückgriff auf die eigene Geschichte wie etwa als Stadt, die Ludwig dem Bayern die Treue gehalten hatte, als er in den Kirchenbann gefallen war. (Theodor Rolle)

Inwieweit diese Bemühungen Erfolg hatten, ist schwer festzustellen. Faktoren des neuen Zusammenhalts im bayerischen Staat fanden sich immerhin auf ganz realer Ebene in der Eisenbahn. War die 1840 erbaute Strecke zwischen Augsburg und München noch eine Angelegenheit der Augsburger Wirtschaft, so erschlossen die 1844 unter staatlicher Regie gebaute ‚Ludwig-Nord-Südbahn' von Lindau nach Hof, in Schwaben 1853 vollendet, und die Strecke Augsburg–Ulm Schwaben in der ganzen Ausdehnung. Beim weiteren Ausbau stand die Grenzüberschreitung hinter der inneren Erschließung zurück, war aber erneut eher von Initiativen der bürgerlichen Industrie- und Gewerbevereine getragen.

So spielten trotz aller staatsbayerischen Integrationsanläufe weiterhin lokale und kleinregionale Identitäten eine entscheidende Rolle für das Selbstverständnis, sei es im Ries oder Allgäu, in den ehemaligen Reichsstädten und Herrschaften.

Die Revolution von 1848 als regionales Ereignis

Der Weg Bayerns war nach der Reformära der Montgelas-Zeit über die liberalen Jahre des jungen Ludwigs I. in den unruhigen Jahren nach der Pariser Februarrevolution 1830 sehr schnell in ein konservatives Fahrwasser gemündet. Die romantisch-autokratische Auffassung des Königs hielt an einem monarchischen Verfassungsverständnis fest, das ihm und seiner Regierung allein die Staatsgewalt übertrug und der Ständeversammlung keine gleichberechtigte Rolle als Gegengewicht beimaß. Die katholische Kirche hatte seit dem Konkordat von 1817, das in Schwaben das Bistum Augsburg den neuen Staatsgrenzen anpasste, trotz einer engen Verbindung von Thron und Altar Schwierigkeiten mit der Auslegung durchzustehen. Gleichzeitig aber kam es zu einer Phase der Neugründung von Klöstern. Mit St. Stephan in Augsburg 1831 und Ottobeuren 1834 hielten die Benediktiner wieder Einzug, weitere Niederlassungen folgten. Die evangelische Kirche, die sich mit der neuen Staatlichkeit als bayerische Landeskirche 1809/10 gleichberechtigt konstituiert hatte und in einem Kreiskirchenrat als Behörde bei der Kreisregierung ihre regionale Spitze fand, geriet sehr bald in die Defensive gegenüber der mehr oder weniger offen ausgespielten katholischen Dominanz – zumal sich die Mehrheitsverhältnisse in den bikonfessionellen Städten Augsburg und Kaufbeuren zugunsten der Katholiken verschoben hatten.

Das Hambacher Fest in der Pfalz und das Gaibacher Fest in Franken fanden auch in Schwaben ihr Echo: Verfassungsfeste im Juni 1832 feierten in Augsburg und Kaufbeuren den liberalen Landtagsabgeordneten Christoph Friedrich Heinzelmann, Großhändler und Fabrikant in Kaufbeuren, beileibe kein Radikaler, der aber schon 1831 von der Regierung zu den *eigentlich inkorrigiblen Oppositionsmännern* gezählt wurde und bald sogar in den Ruf eines Staatsfeindes kam. Der politische Liberalismus hatte in ihm mit der Forderung nach Presse- und Versammlungsfreiheit und einer Weiterbildung der Verfassung eine erste Symbolfigur gefunden. Auf breiterer Basis hatte sich dieses Denken in der Presse schon vielfach unmissverständlich zu Worte gemeldet: Abgesehen von den zahlreichen lokalen Blättern erschien in Augsburg seit 1810 die Cotta'sche renommierte liberale ‚Allgemeine Zeitung'; sodann die ebenfalls viel gelesene traditionsreiche ‚Augsburger Abendzeitung' mit gemäßigt liberaler Haltung, während die ‚Augsburger Postzeitung' zum führenden Organ des konservativen politischen Katholizismus in Süddeutschland wurde. Zum wichtigen Organ für Schwaben wurde auch die linksliberale ‚Kemptner Zeitung', vor allem seit mit Rechtsrat Balthasar Waibel, zeitweise Landtagsabgeordneter, ein kämpferischer Publizist sie (ab 1837) redaktionell betreute.

Als die konservative Wende des Vormärz im Ministerium Abel ihren Gipfelpunkt erreicht hatte, wurde der Konflikt unvermeidbar. Der spezifisch bayerische Auslöser in der Affäre um Lola Montez wie die liberale Forderung nach einer Weiterbildung der Verfassung spielten sich zwar vorrangig in München ab, und in Frankfurt erhielt die Revolution 1848/49 ihre gesamtdeutsche Komponente. Doch der Thronwechsel zu Max II. und die Bewilligung der Märzforderungen lösten im ganzen Land eine breite ‚Märzbewegung' aus. Von der Paulkirche strahlten die Debatten nach Schwaben aus, war doch die Verbindung mit den gewählten Vertretern der Region eine wichtige Stütze für die Vereinsgründung in der Provinz. Dennoch erhielten die Ereignisse vor Ort ihre eigene Note.

Städtischer Protest

Eine erste Variante spielte sich in den Städten ab. Hier hatten die Erfahrungen mit den Krisenjahren 1846/47, mit dem Hunger und dem Wirtschaftseinbruch, mit der Sicherung der Lebensbedürfnisse, die Sensibilität für die politische Verantwortlichkeit gesteigert und machten sich in Protesten Luft. Das Instrument der Volksversammlung wurde gegen die politischen Entscheidungsträger in den städtischen Gremien eingesetzt; das Ziel war die Teilhabe an der Macht, und „die Forderung nach [konfessioneller] Parität war der sichtbarste Ausdruck für den Wunsch nach einer möglichst konfliktfreien Bürgergemeinde". Ihre dominierende Form war das Bürgerfest des Sommers 1848.

Kaufbeurer Bürgerfest

„In einer hochoffiziellen Feier wurde am 9. April 1848 die dreifarbige Fahne [auf dem Dach des Rathauses] aufgezogen, die spätestens seit dem Hambacher Fest von 1832 zum verbotenen, aber populären Banner der liberalen Bewegung geworden war ... Vor dem Rathaus hatten sich Landwehr und Freicorps postiert. Sie bildeten ein großes Karree, in dessen Mitte die Magistratsräte, die Gemeindebevollmächtigten, die Beamten des Landgerichts, die Rechtsanwälte und die Sänger des Liederkranzes Aufstellung genommen hatten. Bürgermeister Walch wandte sich in einer kurzen Ansprache, die auch als gedrucktes Flugblatt verteilt wurde, an die wartenden Menschen. Die Fahne sei das Symbol für den Wunsch nach nationaler Einheit, erklärte er. *Wir wollen uns stets in Eintracht um dieselbe sammeln, man mag sie als Leitstern vor uns hertragen, mit Begeisterung werden wir ihr folgen, mit Gut und Leben sie vertheidigen.* Nach einer Ermahnung zur gewissenhaften Beachtung der Gesetze wurden die Garanten einer glücklichen Zukunft vorgestellt: die noch zu wählenden Abgeordneten eines deutschen Parlaments und der bayerische König. Hochrufe auf Max II., das deutsche Parlament und das freie, eine Deutschland beendeten die Veranstaltung." (Ulrich Klinkert)

Es war im Kern überall eine bürgerliche Bewegung, getragen von einem breiten Spektrum liberaler Gruppen – zwar mit Sympathien begleitet für die unteren Schichten, aber ohne dass sie eine entscheidende Rolle gespielt hätten. Die Formierung der jeweiligen Interessen in den Vereinen – angefangen von den ‚Arbeiterbildungsvereinen' über die ‚Gewerbevereine' bis zum ‚Verein zur Förderung des Absatzes Deutscher Arbeit' der Augsburger Fabrikanten –, kann nicht darüber hinwegtäuschen, dass der entscheidende Punkt in Schwaben nicht der Wirtschaftsliberalismus oder die große Politik war, vielmehr standen die gemeindlichen Belange im Mittelpunkt. Und über die Meinungsäußerungen in der Presse gelangten die Reformvorhaben auch in die Magistrate – mit einem hohen Maß an Erfolg.

So ließ man sich auch mit der Ausbildung politischer Parteien viel Zeit. Ihre Gründung begann an der Wende von 1848 zu 1849 mit den konservativen – den konstitutionell-monarchi-

Revolution von 1848: Hissung der schwarz-rot-goldenen Fahne auf dem Dach des Rathauses von Kaufbeuren am 9. April 1848. – Gemälde von Andreas Schropp, 1848.

schen Vereinen, den katholischen Pius-Vereinen –, ehe die Liberalen darauf antworteten – mit den Volksvereinen in Kaufbeuren und Kempten, dem ‚Märzverein' in Augsburg. Und ihre Ziele waren weit weniger radikal als in Baden oder selbst in Württemberg. Der Bezug zur Entwicklung auf Reichsebene blieb letztlich verhalten. All das berechtigt, von einem „Spätkommunalismus" zu sprechen, der deutlich an die Traditionen der Gemeinde in der Vergangenheit anknüpfte. (Ulrich Klinkert)

Freilich gab es Unterschiede: Die meisten schwäbischen Städte waren eher moderat, d. h. gemäßigt liberal: In Augsburg war das Spektrum vom konstitutionell-monarchischen bis zum liberalen Flügel präsent, wobei das Wirtschaftsbürgertum deutlich für den liberalen Nationalstaat votierte; Albrecht Volkhart, Verleger des lokalen ‚Augsburger Anzeigenblatts', versah das Bekenntnis zur deutschen Republik mit einem antibayerischen Akzent. In Nördlingen und Kempten lagen die Schwerpunkte der Linken. Der vorwiegend demokratisch-republikanische Volksverein mit dem ‚Volksfreund aus dem Ries' als Organ setzte auf eine geballte Kraft der Städte und Bauern gegen München, während der Bürgermeister von Nördlingen, Karl Brater, eine eher gemäßigte Haltung einnahm. In Kempten unterstützte Michael Schnetzer, Käsehändler und Gutsbesitzer, den Demokraten Waibel. Und der Eisenhändler Fidelis Schlund aus Immenstadt wandte sich nicht nur an die Bürger, sondern auch an die Fabrikarbeiter, gründete einen Volksverein und einen Leseverein, setzte sich an die Spitze einer Volksbewaffnung in der Freicorpsbewegung, die auf der alten Tradition der örtlichen Landwehr aufbaute, und wurde sogar zum Sprachrohr der Bauern.

Gegen die Feudallasten

Denn im Allgäu und im Ries fand diese ‚Revolution' auch auf dem Land ihr ganz eigenes Echo. Ziel war die Entlastung der Bauern von den noch verbliebenen Abgaben, eine Folge der nach wie vor starken Position der Standesherren. Sie forderten bereits im März 1848 in Wallerstein und Harburg die *Aufhebung aller Feudallasten* und zogen vor das Bissinger Schloss; dem Druck gaben die Vertreter des Oettinger Grafenhauses sehr schnell nach und willigten in einen Vergleich. Bei den Fuggerschen Herrschaften verlief es nicht viel anders: In Babenhausen musste die Kanzlei der Fürsten ebenfalls der bäuerlichen Forderung nach einer Beseitigung der grundherrlichen Rechte nachgeben wie im Ulmer Winkel bei den Grafen Fugger von Kirchberg-Weißenhorn:

Das Ende der Grundherrschaft

In der Herrschaft Weißenhorn unterzeichneten 349 Bauern aus Wullenstetten, Witzighausen, Illerberg, Ay, Gerlenhofen, Senden und Hittistetten eine Adresse vom 23. März an den Grafen Raimund, die in 12 Punkten – wie im Bauernkrieg (!) – von der Aufhebung der noch vorhandenen Leibfälligkeiten, der Ablösung der Gülten über die entschädigungslose Beseitigung der Dienste und sonstigen Abgaben – *das Forsthabergeld auf Neugereuther, ferner*

Krautgartengeld, sodann *die Spann- und Handfronen, Scharwerksgelder, Schutzgelder, Jagdhundgelder, Küchengefälle, Rekognitionsgelder, Wittibsgelder, Herrenzins, Rauchfanggelder, Hoflehenszinsen, Heu- und Flachsgelder usw.* –, die Reduzierung der Gülten bei Ernteausfällen bis zur freien Jagd und zur Abtretung des Herrschaftsgerichtes an den Staat reichte. *Übrigens behalten wir uns alle jene Rechte vor, welche eine allgemeine Volksvertretung seinerseits entwickeln könnte und können alle Bestimmungen, die heute getroffen worden sind, durch die Beschlüsse einer solchen Volksvertretung modifiziert werden.* (Dietmar Nickel)

Tatsächlich hob das Ablösungsgesetz vom 4. Juni 1848 die standes- und gutsherrliche Gerichtsbarkeit auf und strich alle Fronen und persönlichen Abgaben; die Gülten konnten nun mit staatlicher Hypothekenfinanzierung abgelöst werden und die Bauern waren dann alleinige Eigentümer ihres Grund und Bodens – die lange Zeit der Grundherrschaft war zu Ende.

Rechtliche Gleichstellung auch für Juden?

Eine Gruppe freilich hoffte vergeblich auf eine Verbesserung ihrer Rechte: die Juden. Seit dem Edikt von 1813, das die alten Gemeindestrukturen zugunsten der Staatsaufsicht über eine ‚Privatkirchengesellschaft' zerschlug, ihnen aber nur sehr bedingt die staatsbürgerlichen Rechte zuerkannte, war der Ruf nach einer Vollendung der Emanzipation nicht mehr verstummt. Nun setzten die Gemeinden ihre Erwartungen auf den politischen Aufbruch. Heinrich Hochheimer, Sohn des Ichenhauser Rabbiners, trat ebenso für die Freiheit der Juden im Rahmen einer demokratischen Verfassung ein wie Dr. Ludwig Binswanger aus Osterberg. Aber das Emanzipationsgesetz, in der Kammer der Abgeordneten bereits beschlossen, scheiterte im Februar 1850 an der Kammer der Reichsräte aufgrund einer breiten Unterschriftensammlung. Die katholischen Piusvereine und die Kreise der gewerblichen Wirtschaft waren die Hauptgegner; die einen sahen die christliche Gesellschaft gefährdet, die anderen fürchteten die Konkurrenz. Allein aus Schwaben stammten 93 Adressen von 253 Korporationen mit 10 525

Unterschriften. Nur eine einzige sprach sich für die Emanzipation aus; sie stammte aus Hürben, wo auch der Rabbiner Hayum Schwarz eine ‚Abwehrschrift' gegen die Verleumdungen und Fehlinterpretationen des Talmud verfasste. Damit blieb für viele nur mehr die Auswanderung, vor allem nach Amerika. Die Zahlen, die schon in den 1840er-Jahren einen ersten Höhepunkt erreicht hatten, stiegen erneut sprunghaft an – freilich nicht nur bei den Juden.

Die Resignation hält Einzug

Die Reaktion des Staates nach einer Phase der Nachgiebigkeit traf Schwaben hart. Im Sommer 1849 formierte sich das ‚Observationskorps an der Donau' und besetzte Schwaben, lebhaft begrüßt von der Regierung in Augsburg. Besonders scharf war das Vorgehen im Allgäu, wo man Verbindungen mit dem revolutionären Baden vermutete. Der neue hochkonservative Regierungspräsident Karl Frh. von Welden hielt strenges Gericht über die Beamten. Die Auflösung der politischen Vereine 1850 ließ den politischen Diskurs ganz verstummen, er wich laut den Berichten der Landrichter und Stadtkommissäre einer *scheuen Zurückhaltung der wahren Gesinnung.* Verhaftungen und Einkerkerungen der führenden Linken folgten, bis das Amnestiegesetz sie wieder freisetzte. Karl Brater trat als Bürgermeister zurück, Balthasar Waibel vertiefte sich in historische Studien, Fidelis Schlund wanderte in die USA aus und engagierte sich im Bürgerkrieg auf der Seite der Demokraten. Die Resignation hielt Einzug – nur das Tragen der weißen Filzhüte mit Hahnenfeder verriet noch einen Rest oppositioneller Gesinnung.

Industrialisierung als Innovationsschub

Dem neuen politischen Rahmen folgte zunächst nicht der ökonomische Schub, den sich vor allem die Kaufleute versprochen hatten. Anfangs litt die Wirtschaft unter den napoleonischen

Kriegen, dann wurde sie wegen der Schutzzollpolitik im Westen von Württemberg, im Süden von Österreich und Oberitalien abgeschnitten. Der größere Markt stellte sich erst ein, als 1828 der Zollverein mit Württemberg und 1834 der Allgemeine deutsche Zollverein die Schlagbäume öffnete. Am günstigsten blieben bis dahin die Verhältnisse im Bankensektor, denn nach wie vor war Augsburg der große Bankenplatz Bayerns. Einen deutlichen Absatzrückgang musste die Augsburger Kattundruckerei hinnehmen, stellte aber nach wie vor die Spitze der Manufakturen und Fabriken und erholte sich in den 1830er-Jahren wieder. Im Allgäu erlebte jedoch der alte Leinenexport erhebliche Einbußen, in Nordschwaben ging er völlig verloren, während die Nördlinger Lodenweberei sich halten konnte. Dennoch bleibt festzuhalten, dass der hohe Gewerbestandard in Stadt und Land, der sich in den vorausgehenden Jahrhunderten ausgebildet hatte, die gesamte Wirtschaftslandschaft Schwaben nach wie vor bestimmte. Mit dem Zollverein setzte dann „ein vielseitiger Aufschwung“ ein; „es war eine Wiederbelebung, in der allerdings Augsburg auf gesamtbayerischer Ebene schon dem scharfen Wettbewerb Münchens überall da begegnete, wo zentrale Funktionen oder gleich starke Interessen vorlagen“; Signalwirkung kam der Gründung der Bayerischen Hypotheken- und Wechselbank 1834/35 zu (Wolfgang Zorn).

Aufbruchstimmung brachte erst die Industrialisierung; in der ersten Welle der 1830er-Jahre konnte man im dominanten Textilsektor an die alte Blütezeit anknüpfen. Nun hielt in Augsburg, mit der Wasserkraft des dafür ausgebauten alten Kanalsystems der Stadt betrieben, die moderne Massenfertigung Einzug.

Gründung der SWA

„Den eigentlichen Beginn der Industrialisierung markierte für die Zeitgenossen die Errichtung der mechanischen Baumwollspinnerei und Weberei (SWA) in den Jahren 1837 bis 1840, der mit Abstand größten Fabrik in Bayern, die im Volksmund bis zu ihrer Zerstörung in Zweiten Weltkrieg nur als die ‚große Fabrik' bezeichnet wurde.

... Hier entstand mit einem Aktienkapital von 1,2 Mio fl. auch in seinen äußeren Ausmaßen ein industrieller Riesenbetrieb (Länge 155,2 m, Breite 17,8 m, Höhe 23,3 m) mit modernsten Maschinen – 800 mechanischen Webstühlen und 30 096 Feinspindeln –, der bei seiner Inbetriebnahme bereits 493 Weberei- und 259 Spinnereiarbeiter und -arbeiterinnen beschäftigen sollte, mehr Personen als bisher in der gesamten Spinnerei und Weberei arbeiteten. Am 28. Februar 1837 legte das Bankhaus Johann Lorenz Schaezler das Gründungsprogramm ... vor. Bereits nach wenigen Tagen war das gesamte Aktienkapitel von circa 60, fast ausschließlich aus Augsburg stammenden Aktionären gezeichnet, knapp die Hälfte hielten zwölf Augsburger Bankiers." (Peter Fassl)

Sehr schnell folgten andere Betriebe, und am Ende der 40er-Jahre hatte Augsburg 14 Spinnereien und Webereien; im gesamten Textilgewerbe arbeiteten 4545 Personen oder 42,7 % der Beschäftigten. Zum zweiten Standbein wurde der Maschinenbau: Die von Ludwig Sander errichtete Maschinenfabrik stellte unter Carl August Reichenbach und Carl Buz Dampf-

Fabrikbau der Mechanischen Baumwollspinnerei und Weberei (SWA) Augsburg. – Lithografie von Gustav Wilhelm Kraus, 1840.

maschinen und Kessel, Pumpen und Turbinen und schließlich Druckmaschinen für Zeitungen her; 1857 zur Aktiengesellschaft mit einem Kapital von 600 000 fl. umgewandelt, wurde sie nach ihrer Vereinigung 1898 mit der Klett'schen Maschinenfabrik Nürnberg 1908 zur M.A.N. Als dritter Großbetrieb entstand seit 1849 die Papierfabrik des Georg Haindl, die in der Presse- und Verlagsstadt Augsburg ihre Abnehmer fand, aber erst 1873/74 mit der Maschine für Rollenpapier für den Zeitungsrotationsdruck den Durchbruch erlebte.

Auf dem Weg zur Großindustrie folgte im Süden erneut Kaufbeuren dem Vorbild der Metropole. Christoph Friedrich Heinzelmann aus dem Textilgroßhandelshaus setzte bereits 1839 auf eine mechanische Baumwollindustrie als Aktiengesellschaft, ebenfalls mit Wasserkraft betrieben. In Kempten realisierte man seit 1847 mit Schweizer Initiativen eine Baumwollspinnerei und Weberei in Kottern – in ehemaligen Papiermühlen –, in Seltmans bei Weiler entstand eine mechanische Baumwollspinnerei und in der Stadt selbst wurde eine Webmanufaktur zur Spinnereifabrik umgewandelt. Nur Nordschwaben blieb zunächst zurück; Nördlingen hatte um 1900 noch keine Fabriken, sondern nur größere Handwerksbetriebe mit etwa 20–50 Arbeitern aufzuweisen.

Nach diesen Anfangsjahren war der Weg zur Hochindustrialisierung geebnet. Nach wie vor war Augsburg das Zentrum, doch die Breitenwirkung hielt an: 1858 wurde die Baumwollweberei in Zöschlingsweiler bei Dillingen gegründet, 1863 die Garnzwirnerei der Nähfadenfabrik in Göggingen, 1852 die Aktiengesellschaft der Mechanischen Baumwollspinnerei in Blaichach und bald folgten Fabriken in Fischen, Waltenhofen und Sonthofen. 1856 entstand die Hanfverarbeitung in Immenstadt und eine gleichartige 1861 in Füssen. Von Ulm aus drang die Textilindustrie seit 1857 illeraufwärts nach Ay vor, in Mittelschwaben kam im gleichen Jahr Krumbach mit einer Weberei dazu. Nach wie vor war die Wasserkraft als Energielieferant dominierend; 1847 zählte man erst 13 Industriedampfmaschinen in Schwaben, davon standen allein 12 in Augsburg, 1861 waren es immerhin schon 44 gegenüber 28.

Charakteristisch für die Entwicklung blieb die Kontinuität der flächigen Struktur vor allem in der Textilindustrie, die wiederum städtische und ländliche Standorte umfasste. Getragen wurde sie von vorwiegend privaten Unternehmern aus einheimischen Familien, aber auch manchen Zugewanderten aus ganz Süddeutschland und der Nordschweiz; die Arbeiter wiederum stammten ebenfalls neben den ländlichen Zuwanderern aus einem Gebiet, das von Böhmen bis ins Elsass reichte. Nichts könnte eindrücklicher die Fortsetzung des alten Wirtschaftsraums belegen.

Das neue Gesicht der Städte

Das Erscheinungsbild des Landes veränderte sich: Ein neuer Urbanisierungsschub trieb einerseits die Zahl der Städte in die Höhe, trug aber auch die Verstädterung in das Land hinaus und zog neue Menschengruppen an. Zwar hielt sich die Neugründung von Städten in Schwaben in Grenzen, weil seine Städtelandschaft ohnehin schon in der Vormoderne außerordentlich dicht war: Harburg (1849) knüpfte an seine mittelalterliche Zeit an, Neu-Ulm (1869) war anfangs vorwiegend Festung und Garnison, Krumbach (1895), Ichenhausen (1913) und Lindenberg (1914) waren alte Marktorte. Auch die alten Städte wandelten sich: Sie wurden entfestigt, Stadtmauern und Tore vielfach zumindest teilweise abgerissen – dass Nördlingens Stadtmauer gänzlich erhalten blieb, hängt mit dem späten Anschluss an die Industrialisierung zusammen – und um Industrieviertel ergänzt; aus ländlichen Vororten erwuchsen Industriearbeitersiedlungen. Signifikant ist dafür das Dorf Pfersee westlich Augsburgs: Mit der Ansiedlung von Textil- und Chemischer Industrie –1866–88 entstanden hier insgesamt 12 Fabriken, durch die Kanäle der Wertach für die Energiegewinnung begünstigt – setzte ein rasantes Wachstum ein, sodass der Ort von 930 Einwohnern 1855 auf fast 11 000 Einwohner 1910 anwuchs, bevor er dann 1911 eingemeindet wurde.

Die Bevölkerungszahlen stiegen wieder an, erreichten bis zur Jahrhundertwende neue Höhen, vor allem als die Eingemeindungen, wie in Augsburg, um die Jahrhundertwende dem urbanen Raum Rechnung trugen. Einige Zahlen:

	1840	**1871**	**1900**	**1910**
Augsburg	36 869	51 220	89 170	(1911) 123 015 *(Eingem.)*
Memmingen	6 876	7 209	10 889	12 362
Kempten	7 788	11 223	18 864	21 001
Kaufbeuren	4 050	5 191	8 361	9 094
Lindau	3 902	4 445	5 853	6 618
Füssen	1 648	2 128	3 847	5 099
Donauwörth	2 820	3 443	4 367	4 585
Dillingen	3 259	4 894	6 078	6 291
Nördlingen	6 464	7 079	8 299	8 705
Oettingen	3 268	2 868	2 975	2 906
Die neuen Städte:				
Neu-Ulm	576	5 268	9 215	12 395
Harburg	1 407	1 270	1 288	1 472
Ichenhausen	2 489	2 451	2 666	2 688
Krumbach	1 370	1 684	1 931	3 358 *(mit Hürben)*
Lindenberg	1 208	1 566	3 062	4 540

Im Innern der großen Industriestädte, allen voran in Augsburg, verstärkte sich die räumliche Segregation der Viertel. Wurden zunächst die vorhandenen Freiflächen aufgesiedelt, so entstanden bald im Umfeld der Fabriken, außerhalb der Altstädte, jeweils eigene Arbeiterquartiere. Um den Problemen Rechnung zu tragen, gründeten die Kommunen eigene Wirtschaftsbetriebe: Gas-, Wasser-, Elektrizitätswerke, Kanalisation, Schlachthöfe; dann folgten die Straßenbeleuchtung und Straßenbahnen, aber auch Theater und kulturelle Angebote, sodass die Städte ein hohes Maß an kommunaler Leistung anboten. Nun erhielten aber auch die alten Spannungen zwischen Ober- und Unterschichten neues Gewicht; war es noch im 18. Jahrhundert das Gegenüber von Manufaktur-Unternehmern und Webern, so jetzt das der Fabrikbesitzer und Industriearbeiter. Die Probleme mit der Arbeit im Maschinentakt, die sich in rigiden Fabrikordnungen niederschlugen, verbanden sich mit denen der Wohnverhältnisse in unzureichenden Arbeiterquartieren und der Versorgung – auch Schwaben kannte in dieser Zeit durchaus die Auswüchse eines ‚Manchester-Kapitalismus', die nur bedingt durch betriebliche Fürsorge aufgefangen wurden. Ganz konsequent entstanden schon in den 1860er-Jahren erste Gewerkschaften, 1864 eine Augsburger Ortsgruppe des ‚Allgemeinen Deutschen Arbeitervereins' von Ferdinand Lasalle, der ersten in Süddeutschland, und es kam zu ersten Streiks.

Strukturveränderung auf dem Land

In der Fläche wandelten sich allerdings die vormodernen Verhältnisse nur nach und nach. Wenn um 1840 Friedrich List im schwäbischen Wirtschaftsleben alle Elemente des ‚Agrikultur-Manufaktur-Handelsstaates' beobachtete, dann stand der eigentliche industrielle Durchbruch noch bevor. Doch auch 1862 verzeichnete man für Schwaben bei 578 190 Einwohnern neben 18 196 Fabrikarbeitern – davon etwa 9000 wirkliche Industriearbeiter – und 6084 Webern an Handwebstühlen immerhin noch 45 294 weitere Handwerker (einschl. Lehrlingen und Gehilfen); Schwaben hatte also nach wie vor eine außerordentlich hohe Gewerbedichte. Ganze Kleinregionen lebten noch davon, selbst wenn sich die traditionelle Weberei auflöste. So war etwa im Westallgäu die Kombination von Pferdehandel und Strohhutproduktion, die sich schon seit dem 17. Jahrhundert ausgebildet hatte, als ländliches Gewerbe noch lange strukturbildend:

Die „Verfertigung von Strohhüten"

1836 schrieb der Lindenberger Pfarrer Hauber über die Entstehung: *Zu einer Zeit, wo schon viele ... mit der Pferde-Spedition nach Italien kamen, haben die Lindenberger in der Gegend von Florenz die Verfertigung von Strohhüten erlernt und nach Lindenberg gebracht ... Der Verdienst, den diese dabei fanden, veranlasste dann immer mehr, diese Arbeit zu erlernen, sie immer mehr zu vervollkommnen, bis diese Arbeit nach und nach allgemeine*

Beschäftigung wurde, so daß man im Winter bereits in jedem Hause, manche bereits im Sommer und Winter, sich mit Strohhütemachen beschäftigten und sich damit gut ernähren konnten. 1803 verzeichnete der Bericht des Ammanns Joseph Spieler 356 Familien mit Strohhutherstellung und -vertrieb. Um 1815 verkaufte allein die Wagner'sche Kompagnie jährlich 30 000 Strohhüte bis an den Rhein und nach Tirol, weit verstreute Niederlassungen wurden gegründet. Trotz Krisen hielt sich diese spezielle Wirtschaftsform, mündete als Hausindustrie über eine Mechanisierung der Fertigungstechnik und die Anschaffung von Maschinen in eine unternehmergesteuerte Kombination von Fabrik und Heimarbeit – zunehmend beliefert durch Einfuhr von Rohmaterial aus Asien. (Wolfgang Hartung)

Die mit der Industrialisierung langfristig verbundenen Strukturveränderungen auf dem Land waren bis 1870 noch relativ geringfügig. Erst dann wurde die Abwanderung in die Städte spürbarer, und die ‚Reagrarisierung' des Landes, bei der das traditionelle Handwerk in den Dörfern zurückging, erfasste nun weitere Bereiche.

Die Milchwirtschaft und die Entdeckung der Berge

Das ‚Grüne Allgäu' ist ein Phänomen des 19. Jahrhunderts. Vorher sprach man vom ‚blauen Allgäu' und meinte den großflächigen Anbau von blaublühendem Flachs für die Leinenweberei – auch wenn die Vorstellung, dass damit das Hauptanbauprodukt gemeint sei, irrig ist, denn mehr als 8 % der Ackerfläche war damit auch in Zeiten eines hohen Absatzes nicht zu bebauen. Man musste ja bei dem wenig ausgebildeten Verkehr noch Getreide und Lebensmittel produzieren. Doch eine andere Weichenstellung gehört zu den Voraussetzungen für die spätere Milchwirtschaft: die ‚Vereinödung'.

Dabei wurden zunächst Äcker und Wiesen aus der Gemengelage und dem Flurzwang herausgelöst, als letzter Schritt folgte dann in der Regel der *Ausbau*, d. h. die Aussiedlung der Höfe aus dem Dorf in eine eigene Flur. Zwar war im alpinen Raum diese Siedlungsweise schon seit jeher ausgeprägt, aber nun wurde sie systematisch betrieben, um die Erträge zu steigern. Dabei übernahmen vor allem die Bauern selbst die aktive Rolle, d. h. es war primär ein genossenschaftlicher Vorgang der Gemeinden. Nach ersten Vorläufern schon im 15/16. Jahrhundert im Raum Kempten/Memmingen erfuhr diese Vereinödung ihren Höhepunkt im 18. Jahrhundert, und nun weitgehend im Konsens mit den Herrschaftsträgern und lief erst in der zweiten Hälfte des 19. Jahrhunderts aus. Sie hatte weit ins Westallgäu des heutigen Württemberg, ja bis nach Baden und das südliche Hohenzollern ausgegriffen; insgesamt hat man im heutigen Bayern 879 Vorgänge gezählt, im Stift Kempten fielen von den 309 verzeichneten Fällen allein 181 ins 18. Jahrhundert.

Vereinödung

Der Vorgang spielte sich in der Regel folgendermaßen ab: Zunächst holten die Initiatoren die Zustimmung der Beteiligten ein – anfangs galt Einstimmigkeit, später die 2/3-Mehrheit – und beantragten die Einleitung des Verfahrens bei der Herrschaft. Nach dem Konsens wurde der Umfang der Grundstücke bestimmt, die Allmende musste verteilt werden, das Land wurde vermessen, auf seinen Wert geschätzt und neu verteilt und die Rechte – z. B. bei Auflassung von Wegen, der Nutzung von Quellen – geregelt. Schon früh gibt es Fälle, in denen bereits der Zehnt abgelöst wurde, während die grundherrlichen Rechte in der Regel bestehen blieben. Aufgenommene Hypotheken waren im Stift Kempten seit 1738 in der sogenannten *Landtafel* verzeichnet. Mit dem Übergang an Bayern ging die Vereinödung in die allgemeine Flurreform über, die stark von staatlicher Seite gelenkt wurde. (Peter Novotny)

Die Verbesserung der Agrarstruktur als Hauptziel machte die Vereinödung zu einer ersten gezielt eingesetzten Flurbereinigung, und sie gab dem Allgäu jenes Siedlungsbild mit lockeren Einzelhöfen und Weilern, das es bis heute charakterisiert.

Die anschließende ‚Vergrünlandung' veränderte die Wirtschaftsweise zugunsten der Viehhaltung. Schon der verstärkte Futteranbau nach der Vereinödung hatte in diese Richtung gewiesen, mit den allgemeinen wirtschaftlichen Strukturver-

Bergkäsepflege im Reifelager einer Traditionskäserei im Allgäu.

änderungen verstärkte sich dieser Trend sehr schnell, denn nun stand durch die Verkehrserschließung auch billiges Importgetreide zur Verfügung und das allgemeine Bevölkerungswachstum steigerte die Nachfrage nach Milchprodukten und Fleisch in den neuen städtischen Ballungsräumen. Hatte im Landgericht Sonthofen schon 1853 der Anteil des Ackerlandes nur mehr maximal 15 % der landwirtschaftlichen Nutzfläche betragen, so sank er in Kempten und Lindau zwischen 1853 und 1913 von einem Drittel oder der Hälfte auf den gleichen Wert.

In diesen Wandel griff die neue Milchwirtschaft ein, die auf alten weit verbreiteten bäuerlichen Hauskäsereien und einem frühen lokalen Handel aufbaute und zudem einen Ersatz für die schwindende Hausweberei verschaffte. Joseph Aurel Stadler begann 1821 mit der Herstellung von Emmentaler und erhielt mit dem Schweizer Senn Johann Althaus, den er 1827 aus dem Trubtal ins Allgäu holte, eine verbesserte Methode. Carl Hirnbein aus Wilhalms bei Missen setzte demgegenüber auf den Weichkäse, Limburger und Romadour, wobei er die Techniken 1829 aus Belgien und den Niederlanden holte. Sein Unternehmen florierte schnell; 1843 hatte er bereits 100 eigene Sennereien in Besitz. Der Butterhandel kam dazu.

Der Durchbruch zur milchwirtschaftlichen Industrie verband sich mit dem Camembert aus der Normandie. Karl Hoefelmayr hatte in Frankreich „als Erster ... Camemberts unter Zuhilfenahme von selbstgesuchten und -gezüchteten Mikroorganismen mit Erfolg hergestellt" (Karl Filser). Er setzte dieses Verfahren seit 1892 in kleinen Allgäuer Käsereien ein, ehe er in Eich bei Kempten 1894 die ‚Edelweiß-Camembertfabrik' gründete. Der Erfolg steigerte sich, als es ihm 1896 gelang, den Käse in luftdicht verschlossenen Dosen auch für den Transport nach Übersee haltbar zu machen. 1915 betrug die jährliche Milchverarbeitung 7,2 Mill. Liter und der Betrieb beschäftigte bereits 300 Personen. Dann ging es Schlag auf Schlag: Die ‚Käserei Champignon' in Heising bei Kempten nahm 1910 ihren Betrieb auf und 1903 errichtete Nestle in Hegge bei Kempten ein Werk für Kindernahrung und Kondensmilch. Damit war Kempten Zentrum der Allgäuer Milchwirtschaft geworden, gleichzeitig hatte aber auch die Landwirtschaft mit ihren rationell wirtschaftenden groß- und mittelbäuerlichen Betrieben eine neue solide Basis gefunden.

Alpentourismus

Mit dem ‚Albkönig' Carl Hirnbein verbindet sich aber noch eine andere Pionierleistung: die Anfänge des Alpentourismus, hatte er doch 1852 auf dem Grünten die erste Berggaststätte errichtet. Die ‚Entdeckung der Berge' und des Allgäus als ‚Naturlandschaft' begründete den zweiten neuen Wirtschaftszweig des Tourismus. Schon die Natursehnsucht der Aufklärung und Romantik schlug sich in mehreren Reiseberichten nieder. Eine frühe Bergfahrt von 1784 des ehem. Theatiners Dr. Johann Sebastian Edler von Ritterhausen, einem geborenen Immenstädter, ins obere Illertal ist noch ganz in schwärmerischer Naturbegeisterung gehalten, ähnlich der Besteigung des nur 1738 m hohen Grünten – nachdem sich schon 1773 der Augsburger

Bischof Clemens Wenzeslaus in einer Sänfte zum Gipfel tragen ließ – durch Ludwig Albrecht Schubart, den Sohn des bekannten schwäbischen Publizisten, um 1803/11. Und 1831 erstieg Pfarrer Christoph Ludwig Köberlin aus Grönenbach den 2536 m hohen Widderstein im Kleinen Walsertal – bezeichnenderweise aber erst nach einer Erstbegehung durch einen Geometer.

Die Erschließung der Bergwelt im frühen Alpinismus stand – nach den spektakulärenErstbesteigungen der Schweizer Zentralalpen – dann ganz in einer Verbindung von Wissenschaft und ehrgeiziger Einzelleistung, wie das im letzten Drittel des 19. Jahrhunderts vielfach zu beobachten ist.

Bergforscher Hermann von Barth

In den nördlichen Kalkalpen wurde Hermann von Barth (1845–1876) die prägende Figur: Ursprünglich Jurist, der dann auf Naturwissenschaften umsattelte, erkundete er seit 1869 die Allgäuer Alpen, bestieg hier allein 44 Gipfel, darunter drei zum ersten Mal, um anschließend systematisch die übrigen nördlichen Kalkalpen vom Berchtesgadener Land über das Karwendel bis zum Wettersteingebirge zu begehen. In seinem Buch ‚Aus den Nördlichen Kalkalpen' (1874) verband er wissenschaftliche Forschung mit präzisen Messungen und Kartenskizzen mit der Schilderung von sportlichem Ehrgeiz und romantischer Naturfreude. (Peter Grupp)

Parallel dazu erschien 1871 eine erste touristische Darstellung aus der Feder des Immenstädter Geometers Anton Waltenberger in seinem ‚Führer durch Allgäu, Vorarlberg und Westtirol'. 1885 baute die Sektion Allgäu-Immenstadt des 1869 gegründeten Deutschen Alpenvereins die erste Schutzhütte unterhalb der Mädelegabel, schnell kamen weitere dazu, und 1889 begann der Wegebau, am bekanntesten und viel begangen zehn Jahre später der ‚Heilbronner Weg' als Höhenweg. Damit war die Bergwelt des Allgäu für viele zugänglich geworden, ein Stimulans für den Fremdenverkehr: Allein in Oberstdorf stieg die Zahl der Besucher von 650 im Jahr 1875 auf etwa 5000 im Jahr 1895. Ein neues Gewerbe war entstanden, das Gasthäusern, Fuhrwerksbesitzern, Bergführern und Trägern neue Verdienstmöglichkeiten bot.

Hermann von Barth (1845–1876), Portrait im Berg. – Fotografie um 1870–1876.

Im Füssener Land waren es vor allem die Königsschlösser, die den frühen Tourismus förderten. König Max II. hatte mit der Wiederentdeckung von Hohenschwangau zunächst vor allem den Adel angezogen, seinerseits aber über seine Jagdleidenschaft eine Verbesserung der Infrastruktur ausgelöst – immerhin hinterließ er zahlreiche Jagdhäuser und ließ Straßen bauen. Ludwig II. sorgte mit Neuschwanstein für einen neuen Magneten, seit es nach seinem Tod 1886 zur Besichtigung freigegeben wurde und die Errichtung von Hotels nach sich zog. Schon 1893 wurden 11 047 Besucher in Neuschwanstein und 7226 in Hohenschwangau registriert, und die Zahlen stiegen weiter rapide an. Machte sich hier ein ‚Verschönerungsverein' die weitere Erschließung der Landschaft zur Aufgabe, so entstand in Kempten 1905 ein ‚Fremdenverkehrsverein', und 1913 kam es zum Zusammenschluss der ‚Arbeitsgemeinschaft der Allgäuer Verkehrsvereine'. Das ehemals abgelegene, mühsam wirtschaftende Allgäu war auf dem Weg zu einer blühenden Landschaft.

Zwischen bayerischem Königtum und deutschem Kaiserreich

Nach der Reaktionszeit ließen die Lockerungen der späten 1860er-Jahre die liberalen und nationalen Vorstellungen wieder aufleben, man begeisterte sich auch in Schwaben für die Idee des geeinten Deutschland und zog euphorisch in den Krieg gegen Frankreich. Damit erhielt die Parteienlandschaft ihre künftige Grundstruktur.

Die Reichsgründung von 1870/71 löste – wie im gesamten Bayern – mit der Konfrontation von Liberalen und Konservativen einen politischen Dauerstreit aus. Er war weitgehend deckungsgleich mit dem Gegenüber von Stadt und Land und seinerseits wieder sehr eng mit dem Gegenüber von Protestanten und Katholiken verbunden. Hatten bei der Gründung der bürgerlichen linksliberalen ‚Fortschrittspartei' 1863, die seit 1866 auf den Bismarck-Kurs einschwenkte und sich nun national orientierte, Augsburger und Nördlinger Bürger entscheidend mitgewirkt, so spielte anschließend der Allgäuer Josef Völk im bayerischen Landtag und im Reichstag eine führende Rolle. Die ‚bayerische Patriotenpartei', die 1868 als Gegenpol gegen Liberalismus und Industrialisierung gegründet wurde und sich vorwiegend auf das katholische Landvolk stützte, ging 1887 als ‚Bayerisches Zentrumspartei' in das reichsweite Zentrum ein, ohne freilich ihre bayerische Komponente ganz aufzugeben; sie hatte in Joseph Edmund Jörg (1819–1901), Sohn eines Glasermeisters aus Immenstadt, der dann als Archivar auf die Trausnitz bei Landshut ging, eine eloquent-kämpferische Stimme. Der ‚Bayerische Bauernbund' als ländliche

Protestpartei und die Arbeiterpartei der SPD spielten in den 1890er-Jahren eine größere Rolle.

Ein genauerer Blick auf die politische Landschaft in Schwaben deckt freilich charakteristische Nuancen auf. So nahm vor allem das Allgäu eine Sonderstellung ein, weil die Protestbewegungen von 1848 in einer (national-)liberalen Orientierung ihre Fortsetzung fanden. „Bis weit in die 1870er-Jahre hinein war nahezu das gesamte Allgäu eine Hochburg des politischen Liberalismus" (Karl Filser), und das galt darüber hinaus vor allem für die Bezirke Kempten, Sonthofen und Lindau. Die verbreitete Zugehörigkeit zu den Altkatholiken – auch Völk zählte dazu – wie die wirtschaftliche Entwicklung der Textil- und Milchindustrie mögen dafür als Ursachen herangezogen werden, Vereinsbildung wie Presse spiegelten diese Sonderstellung. Dieser Liberalismus schlug sich nicht zuletzt in einem stark antiklerikalen Affekt nieder und konnte trotz Kulturkampf bis zum Anfang des 20. Jahrhunderts seine starke Position nicht nur im Stadtbürgertum von Kempten, Memmingen und Lindau, sondern auch im bäuerlichen Milieu behaupten, während er anderswo kontinuierlich an Bedeutung verlor.

Der Liberalismus als „Giftpflanze"?

Im Reichstagswahlkampf 1884 lieferten sich Liberale und Zentrum im Wahlkreis Immenstadt einen erbitterten Wahlkampf. „Ein liberales Flugblatt verunglimpfte den Kandidaten des Zentrums, Pfarrer Joseph Schelbert, als ungebildet und grobschlächtig. *Wenn sie* [die Ultramontanen] *den ungebildetsten Hirten von den Alpen heruntergeholt hätten, er würde schwerlich so roh aufgetreten sein, wie Herr Schelbert.* Dieser hatte allerdings – wenn man den abgedruckten Passagen glauben darf – zuvor seinerseits kräftig ausgeteilt. Der Liberalismus, *welcher sich für einen Wunderbaum halte, sei einer Giftpflanze, einer Maulbeerstaude und in Bezug auf Wachsthum einem verschossenen Rettig vergleichbar. Der Stengel sei nicht einmal zu einem Gäbelstecke zu gebrauchen, und die Blüthen seien um ein halbes Jahr zu früh daran. So stelle er sich den Liberalismus vor.* Indirekt hatte er dem liberalen Gegenkandidaten sogar mit physischer Gewalt gedroht: *und wenn Sie es mit der Faust ausmachen wollen, ich weiß die Wechsel, und wenn Sie das meinen, hau ich Sie grün und blau mit meinen Fäusten."* (Martina Steber)

Der Erfolg für die Liberalen war greifbar: Ihr Abgeordneter Josef Widmann aus Immenstadt, Gründer und Vorsitzender des 1887 gegründeten ‚Milchwirtschaftlichen Vereins im Allgäu', kandidierte 1881 als nationalliberaler Abgeordneter für den Reichstag und war 1899 liberaler Abgeordneter im bayerischen Landtag.

Eine gewisse Entsprechung fand die starke Stellung des Liberalismus in den evangelischen Teilen des Ries und in seinem Zentrum Nördlingen. Und auch in der Industriestadt Augsburg behauptete das liberale Bürgertum in den Landtagswahlen bis 1905 seine Machtstellung, erst 1905 konnte der erste Sozialdemokrat Hans Rollwagen in den Landtag einziehen. In der Wahl von 1912 – als das neue direkte Wahlrecht eingeführt wurde – spaltete sich dann das Stadtgebiet gemäß seinen sozialen Schwerpunkten auf: ein Abgeordneter der Liberalen kam aus der bürgerlichen Zentralstadt, ein Sozialdemokrat aus den Industrievorstädten, einer des Zentrums aus den Umlandgebieten. Durchaus respektabel hielt sich der Liberalismus auch in den ehemaligen kleinen Herrschaften Mittelschwabens. Das übrige Landgebiet war und blieb jedoch eine Domäne der konservativ-katholischen Seite: Das ehemals Wittelsbachische Territorium speiste sich aus altbayerischer, das Hochstift aus katholischer, der westliche Teil der ehemaligen Markgrafschaft Burgau aus österreichischer Tradition.

Bismarckkult und Königsmythos

Denn Traditionen hatten für die politische Landschaft offenbar nach wie vor ein bedeutsames Gewicht: Schwaben blieb ein sehr komplexes Gebilde, seine ‚Mental Map' hatte viele Facetten – auch wenn es ein Regierungsbezirk war. Dies spiegelt sich nirgendwo klarer als in der Erinnerungs- und Festkultur um 1900. Die gespaltene mentale Zugehörigkeit des schwäbischen

Bürgertums, bei der die bayerische Dynastie in Konkurrenz zum Reichsmythos stand, wurde prominent in der Ikonographie des Kaufbeurer Rathauses von 1879 zur Schau gestellt: Kaiser Maximilians Teilnahme am Armbrustschießen, der Dreißigjährige Krieg mit Gustav Adolf sind hervorstechende Motive – aber auch die beiden Porträts des Prinzregenten Luitpold und Kaiser Wilhelms I.. Die Finanzierung wurde aufgeteilt: Die bayerischen Motive bezahlte der Staat, die des Reichs die Stadt selbst. In Augsburg wurden die verschiedenen Baudenkmäler markant positioniert: einerseits die Bismarckbrücke von 1898 sowie der Bismarckturm von 1905 zu Ehren des Reichsgründers, der bereits 1890 die Ehrenbürgerschaft Augsburgs erhalten hatte, andererseits das Brunnendenkmal für den Prinzregenten Luitpold von 1901, dessen 90. Geburtstag 1911 dann überschwänglich gefeiert wurde. Dieses Gegenüber ist charakteristisch für ganz Schwaben. Pflegten die Städte den Bismarckkult, so stand bei der Verehrung der Wittelsbacher seit 1886 der König-Ludwig-Mythos im Füssener Land in Zentrum. Schon der Tod des Königs hatte die Legendenbildung vom Märtyrer initiiert, hatte man doch die Anwesenheit des ‚Märchenkönigs' als Überhöhung des Alltäglichen empfunden: *‚Der König ist todt'. Mit welch namenlosem Schmerze diese Trauerbotschaft die ganze Bevölkerung unserer Umgebung ergriffen, lässt sich nicht wiedergeben*, schrieb das ‚Füssener Blatt' am 15. Juni 1886.

Immerhin wurde bei den meisten städtischen Zentenarfeiern die bayerische Zeit zur Erfolgsgeschichte stilisiert. In Lindau wurde das auf die Formel gebracht: ‚Mit Bayern kam der Fortschritt', und auch in Kaufbeuren erschien Bayern als der Retter aus reichsstädtischem Verfall. Die Anhänglichkeit an die wittelsbachische Dynastie war als Klammer durchaus verbreitet, zumal Prinzregent Luitpold als leutselige Vaterfigur das Landesbewusstsein verkörpern konnte. Was sich wiederum einstellte war der – ahistorische – Stammesstolz: die Vorstellung von einer stammlichen Einheit der Schwaben im Regierungsbezirk – die ja schon Ludwig I. als Integrationsinstrument eingesetzt hatte. Seit Wilhelm Heinrich Riehls ‚Bavaria' von 1863 wurde diese Art der Erzählung weiter gepflegt und auf vielfältige Weise in die Volks- und Heimatkunde eingebracht. Durchbrochen blieb diese Einheit aber auch durch die Selbstbesinnung der Kleinregionen auf ihre eigenen Traditionselemente, etwa die historische Prägung des katholisch-liberalen Allgäus, das sich immer wieder auf die Freiheitsbewegung von 1525 berief, oder des Ries, das sich als mehrheitlich evangelisch im bäuerlichen Leben verankert und mit der Dynastie der Oettinger verbunden fühlte – beide verstanden sich als besonders eigenwillige ‚Regionen in der Region'. Schwaben war an der Schwelle zum 20. Jahrhundert noch keineswegs im bayerischen Königreich aufgegangen.

Das 20. Jahrhundert: Schwaben im Freistaat Bayern

Das Ende des bayerischen Königtums in der Novemberrevolution und der Neubeginn des Freistaates in der Weimarer Republik bedeuteten zweifellos einen gravierenden Einschnitt. Schwaben erlebte damit zwar keine grundlegende Neuorientierung, doch die Bruchlinien in Politik und Gesellschaft waren auch hier nicht zu übersehen. Zum anderen wirkten sich die Gewichtsverlagerungen zwischen dem Zentrum München und der Peripherie Schwaben immer stärker aus und schürten die Angst vor dem Absinken in eine randständige Provinz.

Die Revolution von 1918/19 an der Peripherie

Nachdem die anfängliche Kriegsbegeisterung des August 1914 durch die Nachrichten über die Gefallenen umgeschlagen war, wurden die Einschnitte in der Arbeits- und Lebenswelt auch in Schwaben immer stärker spürbar: die Umstellung auf die Kriegswirtschaft in den Industriestädten, vor allem in Augsburg als wichtigem Rüstungszentrum, die Zwangswirtschaft mit den Ablieferungskontingenten auf dem Lande, die Versorgungsengpässe bis hin zu den Hungerkrisen, die im Mai 1916 und August 1917 in Füssen und im August 1916 in Sonthofen Unruhen auslösten, die zunehmende Kriegsmüdigkeit und die Verweigerung gegenüber einer Weiterführung Ende Oktober/Anfang November in Lindau, Donauwörth und Augsburg.

Als am 7. November 1918 Kurt Eisner bei der Massendemonstration auf der Münchner Theresienwiese den Anstoß für die Revolution gab, König Ludwig III. aus der Residenz floh und die Regierung dem Druck der Straße nachgab, sodass noch in der Nacht zum 8. November die Proklamation der Republik erfolgte, war das Echo in den Städten Bayerns recht groß. In Augsburg war schon am 8. November ein Soldatenrat gebildet worden, tags darauf wurde am Rathaus die Rote Fahne aufgezogen, und ein Vollzugsausschuss des Arbeiter- und Soldatenrats versuchte durch erste Maßnahmen einen gesicherten Übergang an die Revolutionsregierung zu gewährleisten. Dominiert von Funktionären der SPD, freien Gewerkschaften und dem Konsumverein sowie Vertretern der Arbeiterausschüsse wichtiger Betriebe hatte der Arbeiter- und Soldatenrat mit seinem Vorsitzenden Ernst Niekisch erst nachträglich drei USPD-Mitglieder aufgenommen.

Ernst Niekisch

Ernst Niekisch, 1889 in Trebnitz geboren, wuchs in Augsburg auf und wurde Volksschullehrer an der Wittelsbacher-Schule. Erst seit den Kriegsjahren hatte er sich politisch betätigt und war als Redakteur der ‚Schwäbischen Volkszeitung' im Sommer 1918 in der Parteiorganisation der SPD als Leiter von Bildungskursen hervorgetreten. Nach der Ermordung Kurt Eisners übernahm er den Vorsitz des Zentralrates in München und blieb in diesem Amt bis zur Ausrufung der kommunistischen Räterepublik am 8. April 1919. Nach der Niederwerfung der Rätebewegung zu Festungshaft verurteilt und nach dem vergeblichen Versuch, in den Jahren 1921/22 die zerfallende Augsburger USPD neu zu kräftigen, wurde er seit der Mitte der 20er-Jahre eine Schlüsselfigur nationalrevolutionärer Bestrebungen in Berlin.

Ernst Niekisch (1889–1967). – Fotografie um 1920.

Auch der junge Bertold Brecht war in der Novemberrevolution Soldatenrat in einem Augsburger Lazarett und spielte im Frühjahr 1919 eine Nebenrolle in der Augsburger Rätebewegung, ehe er 1920 nach München übersiedelte. Seine stürmischen Augsburger Jahre spiegeln sich in seinen Gedichten und in den ersten Theaterstücken ‚Baal' (1918) und ‚Trommeln in der Nacht' (1919), die in München uraufgeführt wurden – nicht nur diese Anklänge waren es, die seine Geburtsstadt lange Zeit Distanz zu ihrem großen Schriftsteller halten ließ.

Die weiteren Ereignisse: Die Bildung der Rätegremien, die Wahlen zum Landtag vom 12. Januar 1919 mit der vernichtenden Niederlage der USPD und dem Wiedererstarken der bürgerlichen Parteien, die Radikalisierung nach der Ermordung Eisners am 21. Februar und die Flucht der Regierung Hoffmann nach Bamberg, die Ausrufung der ersten Räterepublik vom 7. April unter Ernst Toller, dann am 14. April der 'kommunistischen Räterepublik' – sie fanden alle auch in Augsburg ihr Echo. Die von SPD und Gewerkschaften dominierten Räte hatten einerseits die drängenden Versorgungsprobleme, die Arbeitslosigkeit und Wiedereingliederung der heimkehrenden Soldaten zu lösen und wollten andererseits mit Hilfe von Streiks die gewerkschaftlichen Forderungen durchsetzen. Begleitet von Ausschreitungen und Massenversammlungen wurde am 3. April im Ludwigsbau die unverzügliche Ausrufung der Räterepublik gefordert, am 7. April die Suspendierung der Bürgermeister und Gemeindekollegien beschlossen, jedoch bereits am 12./13. April nach Kontakten mit der Regierung in Bamberg wieder zurückgenommen – die militärische Besetzung begann am 20. April unter heftiger Gegenwehr in den Arbeitervierteln.

Schwaben ist aber ein Beispiel dafür, wie unterschiedlich die Schattierungen der Rätebewegung in der Provinz ausfielen. Schon die Abläufe in den übrigen Städten folgten dem Augsburger Modell nur mehr in Abstufungen: Die Wahl der Arbeiter- und Soldatenräte in Kempten mündete zwar am 10. November in einer Kundgebung auch in die Hochrufe auf eine ‚demokratische und soziale Republik Bayern', doch bekundete der Bauernrat bald seine Verbundenheit mit den Bürgertum. Übernahmen die Räte am 7. April die vollziehende Gewalt in der Stadt, so erzwang doch am 14. April die SPD-Mehrheit unter dem Eindruck der bürgerlichen Mehrheit die Aufhebung der Kemptner Räterepublik. Der SPD-geführte Arbeiter-, Bauern- und Soldatenrat Memmingens war schon von Anfang an bereit, mit dem bürgerlichen Magistrat zusammenzuarbeiten; die Rollenverteilung sah vor, dass „der Magistrat über die eigentlichen kommunalen Sachfragen bestimmte und den Behördenapparat kontrollierte, während die Räte mehr dazu da waren, gemeinsam mit der Polizei für die Aufrechterhaltung der Sicherheit zu sorgen und der Stadtregierung gegenüber den übergeordneten Instanzen Schützenhilfe zu geben“ (Paul Hoser).

Auf dem Land fiel die Machtverteilung in der Regel ganz anders aus. Zwar forderte im bäuerlichen Allgäu ein Flugblatt aus Sonthofen die Solidarität mit der Räterepublik, doch war dies eher eine Einzelstimme. Im kleinen Markt Buchloe etwa amtierte bis zum Frühjahr ein von der BVP dominierter Magistrat, ehe am 7. März ein neunköpfiger ‚revolutionärer Arbeiter- und Bauernrat‘, angeführt von einem Bauern und einem Malermeister, offen in seine Belange eingreifen wollte: Er beanspruchte die Beratung und Kontrolle der Kommunalverwaltung – und konnte immerhin den dringenden Wohnbedarf in einigen Fällen lindern helfen; ansonsten aber scheiterte er letztlich wegen mangelnder Sachkenntnis.

Die Vielfältigkeit der Rätebewegung in der Provinz reichte noch weiter. Oft wurde sie von den traditionellen Führungsschichten beherrscht; als Bauernräte fungierten Bürgermeister und Mitglieder der Gemeindeausschüsse, gelegentlich auch Kleinbauern oder Handwerker. Ihre Zielvorstellungen waren in den Kleinstädten vor allem darauf gerichtet, das Herrschaftsmonopol des etablierten Bürgertums zu brechen, und in den Dörfern suchten sie in der Tradition des Bayerischen Bauernbundes die unterprivilegierten Gruppen der Kleinbauern, Landarbeiter und Dienstboten zu stärken. Dieses reformistische Bestreben kann aber auch erklären, warum seit der Münchner Radikalisierung im Frühjahr die Provinz zunehmend auf Distanz ging. Im Ries verbreiteten die Bauernräte noch am 8. April ihre Unterstützung der Regierung Hoffmann – und dem schloss sich auch das das übrige Schwaben an.

Für die Regierung Hoffmann

Im Bericht des Regierungspräsidenten vom 24. April heißt es über das Bezirksamt Mindelheim: *Die Bevölkerung fürchtet, dass bolschewistische Banden das flache Land heimsuchen könnten; die Distriktsbauernräte haben daher darum nachgesucht, dass die Landbevölkerung in ausreichender Weise mit Waffen versorgt wird. Dieser Wunsch muss als durchaus begründet bezeichnet werden. In einer Versammlung der Bauernräte des Distriktes Türkheim am 13. dieses Monats sprachen sich alle Erschienenen gegen die Räterepublik aus; auch wurde gegen die Amtsenthebung des Bezirksamtsvorstandes Stellung genommen.*
Und über das Bezirksamt Zusmarshausen: *... hat die Räterepublik ausschließlich durch einen Vertreter ihren Einfluss geltend zu machen versucht, der aber nur die Dauer von einem Tag erreichte. Der gesamte Bezirk stand und steht einmütig zur Regierung Hoffmann, brachte dies aber wegen der Nähe zu Augsburg in der ersten kritischen Woche nicht offen zum Ausdruck.*

Einen ganz eigenständigen Faktor brachten aber die ‚Großschwabenträume' in dieses Revolutionsjahr ein: die Befreiung Schwabens von Bayern und den Zusammenschluss mit den ... *Stammesgenossen zu einem kraftvollen, freien, schwäbischen Volksstaat... Wenn der Föhn jetzt von den Allgäuer Bergen weht, trage er den Ruf von den Alpen bis zur Donau, von der Iller zum Lech und hinüber bis zum Schwarzwald, ja bis zum Rhein: ein einig Schwabenvolk, ein einig Schwabenland, hie gut Schwaben allewege!* So hieß es in einem Aufruf im ‚Neu-Ulmer Anzeiger' am 9. März 1919. Tatsächlich wurde in diesen Wochen eine breite Diskussion über ein ‚Reichsland Schwaben' entfacht; der Ulmer Industrielle Karl Magirus gab ein ‚Zeitblatt Schwaben' heraus; in Memmingen rief Bürgermeister Fritz Braun dazu auf: *Schwaben, jetzt oder nie!* Man plädierte für die ‚ethnische Einheit' und schritt zur Gründung eines *Schwabenkapitels.* Kaufbeuren beteiligte sich ebenfalls; Nördlingen, Dillingen und Günzburg, aber auch Lindau verhielten sich demgegenüber zurückhaltend. Das ‚Schwabenkapitel' blieb als bürgerlich-liberale antirevolutionäre Bewegung gegen München und Bayern zwar nur Episode, aber es offenbarte erneut die bindende Kraft der Denkfigur von der ethnischen Zusammengehörigkeit in Zeiten der Moderne.

Die Niederschlagung der Revolution durch württembergisches und bayerische Truppen, unterstützt von Freikorps, mit der blutigen Rache der ‚Weißen' gegen die ‚Rote Armee' in München, hinterließ ein Trauma. Die politische Linke war diskreditiert, der Freistaat rückte nach rechts – und davon war auch Schwaben betroffen.

Politische Orientierungen

Die innenpolitische Beruhigung spiegelte sich im Eintritt der Bürgerlichen in die Bamberger Regierung Hoffmann und in der Verfassung des Freistaates vom August 1919 – obwohl sich andererseits der bayerische Patriotismus durch die zentralistische Reichsverfassung, insbesondere die Verteilung der Finanzen, bedroht sah. Das Pendel schlug nach rechts aus, als 1920 Gustav Ritter von Kahr Ministerpräsident wurde und die ‚Ordnungszelle Bayern' propagierte; Einwohnerwehren und Vaterländische Verbände, Freikorps und Fememorde bestimmten immer mehr das Klima in der Öffentlichkeit.

In den Städten Schwabens waren nach dem Zerfall der Liberalen die katholische ‚Bayerische Volkspartei' (BVP) und die Nationalliberalen auf dem Vormarsch. In Augsburg kam es zu einer Polarisierung des bürgerlichen Lagers gegen die sozialistischen Parteien, etwas abgeschwächter in Memmingen und Kempten, verbunden mit einem lähmenden ‚Rathauskonflikt' auch in Kaufbeuren; die allgemeinen Krisenerscheinungen, angefangen von Versorgungsproblemen bis zur Hyperinflation 1923, lösten allenthalben eine zeitweise Radikalisierung aus. Das wird verständlich, wenn man bedenkt, dass die Industrialisierung in Augsburg und Memmingen weiter vorangeschritten war, Lindau hatte aufgeholt, Kempten und Kaufbeuren dagegen stagnierten eher. Nach wie vor war der Textilsektor die tragende Säule der schwäbischen Industrie, freilich auch krisenanfällig, während die Metallbranche nach dem Rüstungsboom des Weltkrieges zurückging; die neuen Sparten der Elektro- und Chemischen Industrie hatten dagegen noch keinen Durchbruch erlebt.

Als die Agrarkrise sich in den späten 1920er-Jahren empfindlich bemerkbar machte, verlor der ‚Bayerische Bauernbund' (BBB) seine Stoßkraft aber nur teilweise zugunsten verschiedener Interessengruppen, etwa der Christlichen Bauernvereine. Im katholischen Allgäu und im protestantischen Ries trat er vielmehr das Erbe der Liberalen an, im mittelschwäbischen Landkreis Günzburg konnte er seine Organisationsstruktur sogar stärken, weil er seine ursprüngliche Protesthaltung zurückfuhr, sich als Wahrer der bäuerlichen Interessen verstand und Züge einer Mittelstandspartei annahm – damit näherte er sich in seinem politischen Bewusstsein der BVP an, und es kam zu einer Spaltung der ländlichen Gesellschaft zwischen den beiden Parteien. Es erscheint bezeichnend, dass der führende Vertreter dieses gemäßigt-konservativen Kurses, der Milchwirtschaftsexperte Dr. Anton Fehr, 1922 Reichsernährungsminister und 1924–1930 bayerischer Landwirtschaftsminister, aus Lindenberg im Allgäu stammte.

Die Nationalsozialisten entwickelten im völkischen Lager ganz eigene Profile. In Augsburg hatte der Studienrat Dr. Otto Dickel eine ‚Deutsche Werkgemeinschaft' gegründet, eine völkische Gruppierung, die auf eine ständische Volksvertretung ohne Parteien setzte und mit einer auf ‚germanischer Wesensart' basierenden Bodenreform sozialreformerisch aktiv wurde; aus ihr entstand im Umland der Stadt eine Siedlung von Kleingärtnern und Tierzüchtern, das ‚Dickelsmoor'. Die hitlertreue Variante wurde von Dr. Gottfried Grandel gefördert, der beim Ankauf des ‚Völkischen Beobachters' bürgte, ehe 1922 der städtische Amtmann Dr. Adolf Frank eine Ortsgruppe gründete. In Kempten entstand ebenfalls die erste Ortsgruppe 1922, unterstützt von Hermann Esser, der aus der Stadt stammte. Und in Memmingen machte bereits 1921 der Radauantisemitismus von sich reden, dessen Opfer der Käsefabrikant Wilhelm Rosenbaum wurde, auch wenn die Ortsgruppe erst im April 1923 förmliche Züge annahm.

Das Wiedererstarken der NSDAP nach dem Putschversuch vom 9. November 1923 und dem anschließenden Verbot beruhte in der Schlussphase der Weimarer Republik zum einen bekanntlich auf der vielfältigen Unzufriedenheit mit dem Parlamentarismus und den fundamentalen Existenzproblemen, die sich aus der Weltwirtschaftskrise von 1929 ergaben. Der Anstieg in den Landtagswahlen vom 24. April 1932 bedeutete einen Erdrutsch: In Schwaben blieb zwar die BVP mit 36,1% die stärkste Kraft, doch erreichte die NSDAP dort mit 30,7% ihr stärkstes Ergebnis in Bayern. Sie fand ihre wichtigsten Ansatzpunkte in den protestantischen und kleinstädtischen Bürgertum; auf dem Land übernahm sie vielfach das Erbe des BBB, wie das Allgäu und das Ries gleichermaßen zeigen.

Sehr viel gewalttätiger spielte sich der Aufstieg der NSDAP in den Städten ab. Sie waren seit 1932 durch die Auseinandersetzungen von Links und Rechts gekennzeichnet: Großversammlungen und rücksichtslose und hemmungslose politische Agitation prägten das Erscheinungsbild in Memmingen; das aufgeheizte Klima kulminierte im Sommer 1932 in einer provozierten Saalschlacht und Zusammenstößen mit den Kommunisten. In Augsburg war die Mitgliederzahl 1932 auf etwa 1800 angestiegen, dazu kamen erste Gruppierungen der SA und SS. *Kritiklos laufen alle Schichten der Bevölkerung den Kündern besserer Zeiten für alle Stände nach*, klagte Anfang Februar der Regierungspräsident in seinem Bericht.

Schwaben und die Heimatpflege

Die bayerische Verfassung von 1919 hatte neben einer Stärkung der Selbstverwaltung für die Gemeinden eine Neuordnung für die Regionen gebracht: Die Kreise (heute Regierungsbezirke) wurden zu Körperschaften des öffentlichen Rechts und der Kreistag (der ehem. Landrat) nach dem allgemeinen Wahlrecht bestimmt. Damit war eine dritte Ebene der politischen Willensbildung geschaffen. Der erste Präsident des Kreistages von Schwaben und Neuburg, der Kemptener Bürgermeister Dr. Otto Merkt, meinte zwar: *Der neue Kreistag ist nach dem Gesetz völlig frei. Er hat das schöne Recht der Selbstverwaltung und die große Aufgabe der Pflege der geistigen, wirtschaftlichen und sittlichen Wohles der Einwohner und deren Erziehung zur Gemeinschaft des Volkes*, beklagte aber auch seine finanzielle Abhängigkeit von den Reichszuweisungen. Die Kreisordnung von 1927 etablierte zudem eine Kreisregierung als Staatsbehörde, stärkte aber andererseits auch die Staatsaufsicht – was Merkt wiederum zu bitteren Bemerkungen über den bayerischen Zentralismus hinreißen ließ. Immerhin konnte auf dieser Grundlage Einfluss auf die Infrastrukturpolitik, das Schulwesen und die Gesundheit und Fürsorge genommen werden. Eine der wichtigsten Aufgaben war zwar der Unterhalt und die Betreuung der Heil- und Pflegeanstalten in Kaufbeuren-Irsee und Günzburg, aber Merkt zielte auch auf die Kulturpolitik, und es gelang ihm 1929, den ersten hauptamtlichen Kreisheimatpfleger in Bayern – Dr. Barthel Eberl – einzustellen.

Otto Merkt: Bürgermeister und Heimatforscher

Dr. Otto Merkt, der Jurist und Kemptener (Ober-)Bürgermeister zwischen 1918 und 1942/45 war Altkatholik und Nationalliberaler – und vor allem überzeugter Allgäuer. In der Kulturpolitik, der ‚Heimatpflege', sah er eine Möglichkeit, der städtisch-industrialisierten Welt mit einem agrarromantischen Entwurf zu begegnen. Seit 1923 spürte er mit seinen Helfern unermüdlich die historischen Orte auf, weitgehend auf eigene Kosten hat er im Laufe seiner Lebenszeit über 2000 Gedenksteine und -tafeln im bayerischen und württembergischen Allgäu an historischen Gebäuden oder bemerkenswerten Plätzen angebracht oder errichtet. Die Inschriften waren als Kurzinformationen gedacht, um *Material für ihre großen und allgemeinen Erkenntnisse zu liefern, nämlich was im Allgäu gefunden wurde und gilt*; entscheidend war die Intention, *damit der Bevölkerung, insbesondere der heranwachsenden Jugend, einen immerwährenden heimatkundlichen Unterricht zu erteilen.*

Merkt schwenkte in die Heimatbewegung ein, die sich schon seit der Jahrhundertwende unter maßgeblicher Beteiligung des Kuraten Dr. Christian Frank aus Kaufbeuren ausgebildet hatte. Vereine und Verbände wie Einzelprojekte sollten die *Eigenart unseres Schwabenlandes* unterstützen, angefangen vom ‚Allgäuer Heimatmuseum' in Kempten bis zu einem ‚Rieser Heimatbuch‘. Die Gründung des ‚Schwäbischen Museumsverbandes‘ von 1924/25 bot das entsprechende Dach für die seit der Jahrhundertwende ansteigende Museumskultur in Schwaben. Die unübersehbare Politisierung der regionalen Kultur war durch die Querverbindungen zum ‚Heimatschutz‘ der regionalen Verwaltung gegeben, mit der Regierungspräsident Heinrich Graf von Spreti das staatliche Aufgabenbündel durch eine ‚Pflege der Heimatgeschichte‘ anreichern wollte. Freilich wurden dabei auch die ideologischen Implikationen der ethnischen Einheit Schwaben offenbar: Sie sollte integrierend wirken – *stolz auf sein Schwabentum soll unser Geschlecht heranwachsen* –, nahm die Vorstellung von einem organischen ‚Volk‘ auf, die in der Kritik an Großstadt und Massengesellschaft wurzelte, aber auch bereits Elemente der Rassenhygiene einbezog. Heimat wurde so zu einem Programm, getragen vom Mittelstand über die Parteigrenzen hinweg – mit Ausnahme der Sozialdemokratie. „Der Kreistag von Schwaben und Neuburg verstand sich selbst als Kristallisationskern dieser Utopie des Regionalen“ (Martina Steber).

Nationalsozialismus im Gau Schwaben

In Schwaben wurde lange Zeit ein eigener Mythos vom ‚milden Gauleiter‘ und vom ‚anständigen Nationalsozialismus‘ kultiviert. Er war im Rahmen des Entnazifizierungsverfahrens als Verteidigungshaltung von drei führenden schwäbischen Parteifunktionären in vehementer Weise gegen die Anklage stilisiert worden: von Gauleiter und Regierungspräsident Karl Wahl, dem Augsburger Oberbürgermeister Josef Mayr und dem Kommunalreferenten für Polizei, Gesundheit, Sport und Kriegswirtschaft Dr. Willi Förg. In der Internierungszeit war das Bild entstanden, einem Kreis von *anständig Gebliebenen* anzugehören (Mayr), erfüllt von *Idealismus, äußerster Pflichterfüllung für sein Vaterland und Glaube und Vertrauen zur rechtlich anerkannten Führung dieses Vaterlandes* (Förg), gipfelnd in den Memoiren „‚… es ist das deutsche Herz‘. Erlebnisse und Erkenntnisse eines ehemaligen Gauleiters‘ (Wahl). Wie aber sah die Wirklichkeit aus?

Die Machtübernahme 1933 spielte sich genauso gewalttätig ab wie anderswo, wenn auch immer nach außen der Schein des geordneten Übergangs gewahrt blieb. Die Machtsicherung in den Zentren stand unter dem Signum der Verdrängung alter Eliten wie in Augsburg: Dort war am 9. März die Hakenkreuzfahne auf dem Rathaus gehisst und in den Straßen der Sieg der ‚Bewegung' verkündet worden – obwohl die NSDAP gemäß den Kommunalwahlen von 1929 im Stadtrat nur mit drei Mitgliedern vertreten war. Nach den Reichstagswahlen vom 5. März waren allerdings die Machtverhältnisse anders geworden, und die bislang abwartende Stadtverwaltung, getragen von einer weitgehend bürgerlichen Mehrheit, gab dem Druck der Gewalt nach. Oberbürgermeister Otto Bohl (BVP), der noch versucht hatte, die NS in eine schwarz-braune Koalition einzubinden, nahm Josef Mayr als 2. Bürgermeister auf, doch die Partei riss die Führungsrolle an sich, bootete die Oppositionellen in einer Verhaftungswelle aus und schickte schließlich den Stadtrat in eine sechsmonatige sitzungsfreie Zeit – die kommunale Macht war in ihren Händen. Die übrigen Parteien waren nach den Gleichschaltungsgesetzen und der Selbstauflösung nicht mehr präsent, die kommunalen Referenten der Weimarer Zeit wurden entmachtet und eingebaut. Ein halbes Jahr nach der symbolischen Fahnenhissung auf dem Rathaus war die ‚Machtergreifung' abgeschlossen.

Andererseits finden sich schrittweise Anpassungen wie in Kempten, wo Bürgermeister Otto Merkt nach längeren Hin und Her vom Opponenten zum Parteimitglied mutierte und die Verwaltung eine Kontinuität zu verkörpern schien. Noch glatter vollzog sich der Übergang in Memmingen, wo Bürgermeister Dr. Heinrich Berndl dem gleichgeschalteten Stadtrat der *nationalen Einigung* eine *erhöhte Stoßkraft* zubilligte und selbst am 1. Mai der Partei beitrat; die starke Stellung des Kreisleiters Wilhelm Schwarz sorgte dafür, dass der Stadtrat im weiteren Verlauf vor allem mit Funktionären der Kreisleitung besetzt wurde.

Weitet man den Blick aus auf die ländlichen Gemeinden, so werden im Landkreis Günzburg etwas andere Muster sichtbar.

Die Hakenkreuzfahnen am Augsburger Rathaus und am Perlachturm. – Fotografie vom 9. März 1933.

Bei der Neubesetzung der Gemeinderäte nahm man Rücksicht auf die lokalen Honoratioren; sie wurden in das Machtgefüge eingebunden und damit kaltgestellt – soweit sie nicht der SPD angehörten, denn die wurden durch Druck und Terror zum Rücktritt veranlasst. Nach der Auflösung der Parteien zwang man die BVP-Vertreter, entweder freiwillig zurückzutreten oder den NSDAP-Fraktionen beizutreten, und zwar im Bezirkstag und in den Kleinstädten wesentlich rigoroser als in den Landgemeinden. Und geht man noch einen Schritt weiter zu den Vereinen, so entdeckt man ein sehr hohes Maß an Flexibilität, denn in den Vorständen findet sich nur eine geringe Fluktuation; zwar statuierte die NSDAP ‚Exempel', verhielt sich aber ansonsten ‚nachsichtig'. Und bei der Auswahl der Bürgermeister suchte sie möglichst akzeptable Kandidaten zu präsentieren: Über die Hälfte blieb im Amt, selbst die neu eingesetzten Bürgermeister kamen meist aus der alten Gemeindeelite – wenn nicht besonders machthungrige Ortsgruppenleiter rücksichtslos ins Amt drängten. Ein breites Spektrum tat sich auf, in dem von „fast vollständiger Kontinuität der alten Eliten" bis zur „fast totalen Verdrängung" alles zu beobachten ist; meist aber kam es zu einer „Fusion zwischen alter und neuer Elite". (Zdenek Zofka)

Strukturelemente der Diktatur

Die Machtergreifung war also ein sehr differenzierter Vorgang, zumal bis Sommer 1934 noch die von der SA gesteuerten außerstaatlichen ‚Sonderkommissare' ihre Macht gegen die Verwaltung auszuspielen versuchten – bis die Liquidierung der SA-Führung im Juli 1934 diesem chaotischen Zwischenspiel ein Ende machte. Die weitere Entwicklung des NS-Systems zeigte zunächst in der Provinz erneut scheinbare ‚Mäßigung', getragen von einer breit akzeptierten Funktionselite in Partei, Wirtschaft und Verwaltung, die freilich keineswegs als harmlos missdeutet werden darf. Wenn man das besonders gut untersuchte Beispiel Augsburg als Maßstab nehmen will, so fällt eine „administrative Normalität" ins Auge. „Nicht außernormative, revolutionäre Schritte veralltäglichten die Diktatur, sondern bürokratische

Routinen", deshalb wurden die Gemeinden zum Fundament des Systems, und in ihr die zahlreichen Beamten und Angestellten, aus denen sich die Führungselite rekrutierte. (Bernhard Gotto)

Gauleiter Karl Wahl war der Kopf dieses Systems in Schwaben, einer der ‚Vasallen Hitlers'. Er kam selbst aus der Augsburger Stadtverwaltung, schätzte eine gut funktionierende Verwaltung und übertrug seine persönliche Herrschaftskonzeption auf den gesamten Gau. Er setzte auf die ‚Volksgemeinschaft', auf pragmatische Lösungen und weniger dogmatische Härte. Er suchte das Auskommen mit der Leitung der katholischen Bistumsverwaltung ebenso wie mit der evangelischen Kirche – und fand es auch in Gestalt führender Persönlichkeiten wie dem Generalvikar Dr. Franz Xaver Eberle, seit Juli 1934 Weihbischof. Der antikirchliche Kurs war konsequenterweise deutlich abgeschwächter als anderswo, etwa in der geringeren Zahl der Gestapo-Zugriffe, während Polizei und Partei sich häufiger in kirchliche Belange einmischten. In der evangelischen Kirche gestaltete sich das Verhältnis zu den regionalen Nationalsozialisten ganz ähnlich, sodass die Geistlichen lange relativ ruhig arbeiten konnten, während ihre Konfrontation mit den ‚Deutschen Christen' ablief.

Gauleiter Karl Wahl

Karl Wahl (1892–1981), Sohn eines Eisenbahners in Aalen, war nach einer Schlosserlehre 1910 Soldat geworden und nach dem Krieg 1921 als Kanzlei-Assistent in die Stadtverwaltung eingetreten; bereits 1922 Parteimitglied und bald SA-Führer, wurde er 1926–29 Leiter der Augsburger Ortsgruppe der NSDAP, 1928–33 Mitglied des Landtags und seit November 1933 Mitglied des Reichstages. Die Funktion des Gauleiters von Schwaben übernahm er 1928, und erhielt im

Karl Wahl (1892–1981). – Fotografie von 1940.

Juli 1934 zudem die Funktion des Regierungspräsidenten von Schwaben. Damit war er in gewisser Weise administrativ abgesichert, musste sich aber schon 1934 gegen Adolf Wagner, den Gauleiter von München-Oberbayern wehren, der gerne auch Schwaben geschluckt hätte.

Doch diese Ideologie der *Volksgemeinschaft* war alles andere als harmlos: Wahl verstand sich zwar als *Schwabenführer* und *Kenner des schwäbischen Volkes*, der die *Heimat* in agrarromantischen Vorstellungen pries, vom *Boden* sprach, in dem man *wurzelte*. Doch war auch seine Vorstellung „von biologistischen Konzepten durchzogen", vom gesunden *Volkskörper* unter Ausschluss des *Kranken* und des biologischen *Verfalls*, so wie die Gemeinschaft auf den großen Führer ausgerichtet war, autoritär geleitet und bereit, die *Böswilligen* auszuscheiden. Der *Sozialismus der Tat*, die Realisierung im *Kampf* und die Selbst*stilisierung* als *Soldat des Führers* bestimmten seine Politik (Martina Steber). Schwaben war nur mehr die Hülse für seine Ideologie.

Zum architektonischen Ausdruck der alles überwölbenden NS-Ideologie sollten die Großbauten werden, die in Schwaben der 1933 zum Bezirksbaumeister in Sonthofen berufene Hermann Giesler entwarf: In Sonthofen entstand 1934/37 der Monumentalbau der *Ordensburg* (heute Generaloberst Beck Kaserne), eine der drei realisierten NS-Ordensburgen im Reich, im Kern als Schulungsstätte des Nachwuchses gedacht. Dann folgten die Pläne für eine Gauhauptstadt, „der braune Traum von einem neuen Augsburg". 1935 anlässlich eines Besuches von Adolf Hitler angeregt, dann von Giesler bis 1937 entwickelt, erhielt der Plan für die Stadt immer riesigere Dimensionen: eine Prachtstraße mit anschließender Platzanlage, dann der Aufmarschplatz des *Gauforums* mit Gauhaus, Glockenturm, Gauhalle und Arkaden. Sie hätten eine grundlegende städtebauliche Umgestaltung und Aufwertung der Stadt im NS-System nach sich gezogen, freilich um den Preis gigantischer Schulden und des Verlustes an historischer Bausubstanz – der Krieg verhinderte die Realisierung.

Bricht man die Grundhaltung auf die kommunale Arbeit herunter, dann sah das im Falle Augsburgs folgendenrmaßen

Modell des „Gauforums Augsburg". – Entwurf von Hermann Giesler, 1939.

aus: Die nach den Vorstellungen der Nationalsozialisten umgestaltete Stadtverwaltung – gestärkt durch das Führerprinzip in der Gemeindeordnung von 1935 – war ein Instrument des Oberbürgermeisters. Er richtete sie auf die Ideologie des Nationalsozialismus aus, auf die politischen wie rassistischen Ziele, die sich gegen alles und alle richteten, was dagegen verstieß. Damit wurde die Stadt zur Stütze des Systems, denn sie funktionierte in der Sozialpolitik ebenso wie in der Zwangsbewirtschaftung und im Wohnungsbau – und dies steigerte sich noch im Krieg als Basisarbeit an der *Heimatfront*, die das Chaos zu ordnen hatte.

Das Konzentrationslager Dachau war zwar ‚weit' weg, doch für die Menschen in Schwaben nicht nur als Drohgebärde des Terrors stets präsent. Die ideologischen Implikationen zeigten sich etwa in der ‚Euthanasie' – denn auch sie begann an unterster Stelle. Für die Gesundheitspolitik der Stadt Augsburg war die *Erb- und Rassenpflege* oberstes Ziel, das Gesundheitsamt stellte erbbiologische Untersuchungen an; schließlich war die umfassende Erbkartei als *Hüter der Rassereinheit* bis zum Kriege auf 40 000 Fälle angewachsen und schwoll weiter an. Vom städtischen Altersheim erfolgten vielfach Einweisungen in die Kreisirrenanstalten.

In der Anstalt Kaufbeuren-Irsee schwang sich der leitende Mediziner Dr. Valentin Faltlhauser zum Herrn über Leben und Tod auf. Zunächst wurde er mit der Ausführung des Gesetzes über die Zwangssterilisation von 1934 als Psychiater unter dem Signum der ‚Rassenhygiene' zum Richter über Menschen; dann war er eine zentrale Figur der ‚Euthanasie'-Aktion, die seit 1939 die ‚Vernichtung des unwerten Lebens' reichsweit in Gang setzte. Aufgrund von Meldebögen über nicht oder kaum arbeitsfähige Patienten wurden Diagnosen erstellt, die Opfer zu Tötungsanstalten gebracht und dort in getarnten Gaskammern mit Kohlenmonoxid qualvoll erstickt. In Kaufbeuren-Irsee begann die ‚Aktion T4' im August 1940.

Die Grauen Busse

„Da kamen so große Autos, Busse, große, graue Busse – was das doch für eigenartige Autos waren – die Fenster waren mit schwarzen Tüchern verhängt. Manche Kranke haben Handschellen gekriegt, die wurden dann an der Armstütze festgemacht. Die ersten Kranken, das waren fast nur ältere Leute, harmlose Leute, ruhige, brave Menschen.

Noch war das Ziel den Schwestern nicht klar: *Beim 3. Transport jedoch kamen Kleider und Wäsche der Pat.* [der ersten beiden Transporte] *beschmutzt und stellenweise mit Blut befleckt zurück ... vom 2. und 3. Transport an sagten auch schon einzelne Patienten, die bei Verstand waren und mit wegkamen, dass sie umgebracht würden ...*

Ein Kranker sagte einmal beim Einsteigen in das sog. Himmelfahrtsauto: 'Meint ihr, wir sind so dumm? Wir wissen schon, dass es jetzt ins Leichenauto geht!' (dann bekam er eine Spritze!) Mehrere Patienten sangen in der Nacht vor ihrem Abtransport: ‚Laß mich deine Leiden singen'. Und als W. S. am 8. 8. 41 um ihre Zukunft wusste, da ließ sie für sich noch eine heilige Messe lesen und beichtete ganz ruhig." (Ulrich Pötzl)

Insgesamt kamen im ersten Jahr 691 Frauen und Männer in den Tötungsanstalten Schloss Grafeneck in Württemberg und Hartheim bei Linz an der Donau um – das war ein Drittel der Insassen. Doch die Tötungsmaschinerie lief weiter, trotz der öffentlichen Proteste; die Lücken in Kaufbeuren und Irsee wurden mit Insassen aus anderen Heimen aufgefüllt, aus Glött, dem Elisabethenstifts Lauingen, dem Schutzengelheim Lautrach und aus Ursberg. Der Krieg steigerte wie überall die Rigorosität und Brutalität der Tötungsmaschinerie – und nicht wenige Verantwortliche in Verwaltung und Politik wurden zu Instrumenten der Umsetzung.

Die Zerstörung der jüdischen Lebenswelt

Als die rechtliche Gleichstellung der Juden 1871 endgültig erreicht war, hatten sich die jüdischen Gemeinden Schwabens schon erheblich gewandelt: Der Zug in die Städte mit den neuen Lebenschancen dünnte das traditionelle Landjudentum erheblich aus. Neben Handel, Banken und Fabrikwesen waren es die akademischen Berufe wie Rechtsanwälte und Ärzte, Musiker und Schriftsteller, in die eine neue Generation einzuströmen begann. Die ‚Verbürgerlichung' ging Hand in Hand mit der ‚Akkulturation', der Anpassung an die Lebensformen der Umwelt – bis hin zur Feier von ‚Weihnukka', einer Verbindung von Weihnachten und dem jüdischen Lichterfest Chanukka.

Mit den neuen Gemeinden in Kempten, Memmingen, Augsburg und Nördlingen etablierte sich das Reformjudentum und spiegelte sich in den Synagogenbauten – der prächtigste war der von Heinrich Lömpel und Fritz Landauer in Augsburg 1914/17 im Jugendstil, ausgestattet mit einer Orgel, die den Pogrom von 1938 überstand. Demgegenüber waren schon am Beginn des 20. Jahrhunderts einige kleinere Landgemeinden wie Osterberg ganz verschwunden, andere erheblich geschrumpft wie Buttenwiesen, wo von den 81 Familien, die 1807 gezählt wurden, 1925 nur mehr 30 übrig blieben. Viele Landgemeinden kannten aber weiterhin ein lebendiges jüdisches Leben, etwa Ichenhausen, das 1894/95 ein repräsentatives Gebäude für den

Bezirksrabbiner erhielt, oder Hürben, wo der Rabbiner Hayum Schwarz und der Kantor Isaak Lachmann wirkten, Moses Samuel Landauer eine Textilfabrik gründete und wohin der Schriftsteller Gustav Landauer regelmäßig zur Sommerfrische zurückkam.

Der rassische Antisemitismus hatte in Bayern nach dem Trauma der Revolution einen fruchtbaren Nährboden. Freilich richtete er sich vor allem gegen die ‚Ostjuden', die in die großen Städte München und Nürnberg eingewandert waren, während in Schwaben der begrenzte alltägliche Antisemitismus wirksam wurde. Mit den Boykottmaßnahmen der Nationalsozialisten 1933, der verschärften Ausgrenzung durch die berüchtigten Nürnberger Gesetze 1935 wurde der Lebensraum der Juden dann jedoch immer mehr eingeschränkt, selbst in den kleinen schwäbischen Landgemeinden. So konnte der Regierungspräsident von Schwaben feststellen, Ichenhausen sei inzwischen *eine sterbende Stadt* geworden, *da in den dortigen jüdischen Geschäften die Leute nicht mehr einkaufen wollen.*

Dann folgte der Pogrom der ‚Reichskristallnacht' – jener euphemistischen Umschreibung der Demütigungen und Zerstörungen. Die Ablaufmuster im November 1938 ähnelten sich und folgten bekanntlich einer geplanten Inszenierung. In Augsburg fanden sie bereits am frühen Morgen des 10. November statt: Ein Trupp junger Männer in Zivil, später stellte es sich heraus, dass allesamt Mitglieder der SS waren, drang mit Gewalt in die Synagoge ein – um ½ 5 Uhr, also noch vor Sonnenaufgang und noch vor dem berüchtigten Funkspruch aus Berlin in das gesamte Reich, der um 7.45 Uhr feststellte: *Es werden in kürzester Frist Aktionen gegen Juden stattfinden.* In Memmingen kam es zum organisierten Abbruch der Synagoge, anschließend wurden Einrichtungen demoliert und 23 jüdische Mitbürger verhaftet. In den Landgemeinden fuhren SA-Trupps mit Lastwagen auf, demolierten Geschäfte, Wohnhäuser und vor allem die Synagogen, zerrissen Gebetbücher und zerstörten Betstühle; wertvolle Kultgegenstände, Thorarollen und -vorhänge, Möbel sowie die Gemeindearchive wurden aufgeladen und weggefahren. Brandschatzung wurde meist nur vermieden, um angrenzende Gebäude nicht zu gefährden. Zerstörungen waren das eine, die Demütigungen der jüdischen Mitbürger das andere: Meist wurden sie aus ihren Häusern geholt, geschlagen und bespuckt; in Fischach mussten die Juden Zylinder aufsetzen und selbst ihre Synagoge und das Gemeindehaus ausräumen, in Krumbach die jüdischen Männer Davidsterne oder eine Glocke umhängen und jüdische Lieder singen. Verhaftungen und Einlieferung in Gefängnisse oder Abtransport nach Dachau folgten.

Der Einschnitt des Jahres 1938 wirkte weiter. Nach den ‚Arisierungen' kam die Liquidierung der restlichen Einzelhandelsgeschäfte, die sog. ‚Entjudung' des Immobilienbesitzes und schließlich der Banken und Großindustrie bis 1939. In Augsburg waren bei den 169 jüdischen Firmen und Betrieben, v. a. im Schwerpunkt Textilhandel, sehr unterschiedliche Vorgänge und wechselnde Verhaltensweisen der Beteiligten erkennbar, als bis November 1937 die ersten zwölf Betriebe, allein in den ersten zehn Monaten des Jahres 1938 jedoch weitere 29 ‚arisiert' wurden, ehe nach der ‚Zwangsarisierung' seit Dezember 1938 binnen weniger Monate die letzten Geschäfte geschlossen wurden.

Die Grenzen für die Gemeinden und die jüdischen Organisationen wurden immer enger gezogen, zumal im März 1938 der ‚Verband Bayerischer Israelitischer Gemeinden' seinen öffentlich-rechtlichen Status verlor, und seit Juli 1939 die noch vorhandenen Gemeinden durch die von der Gestapo kontrollierte neue ‚Reichsvereinigung der Juden in Deutschland' verwaltet wurden.

Bet Chaluz

Im August 1935 wurde in Augsburg ein *Bet Chaluz* (Haus der Pioniere) eingerichtet, in dem sich 25 Jugendliche, darunter acht Mädchen, durch Beschäftigung in Werkstätten und in einer Baumschule auf die Auswanderung nach Palästina und auf einen neuen Beruf vorbereiteten. Die Gemeinde stattete das *Bet Chaluz* mit Möbeln, Hausrat und Büchern aus. Im Juni 1937, als die Zahl der auszubildenden Jugendlichen sehr zugenommen hatte, zog das *Bet Chaluz* in ein größeres Haus um, in dem im Zusammenhang mit den Kursen in Hebräisch und Geschichte des Zionismus ein neues gesellschaftliches und kulturellen Zentrum der gesamten jüdischen Gemeinde entstand ... Ab Juni 1936 konnten sich auf dem dem tschechischen Juden Weininger gehörenden landwirtschaftlichen Betrieb Bannaker in Bergheim, unweit Augsburg, Jugendliche auf die Auswanderung nach Palästina vorbereiten. (Ophir/Wiesemann)

Mit Kriegsbeginn war die Auswanderung als letzter Ausweg unmöglich, die noch verbliebenen Juden wurden in ‚Judenhäusern' zusammengezogen, die arbeitsfähigen in Rüstungsbetrieben Augsburgs eingesetzt. Sie verschwanden damit aus dem öffentlichen Leben im ‚mauerlosen Ghetto', schon ehe die Kennzeichnungspflicht mit den ‚Judenstern' vom September 1941 die Diskriminierung vollendete. Im November 1941 begannen dann die Deportationen über Sammelstellen der großen Städte in den Osten nach Riga, dann in die Vernichtungslager Piaski, Krasnycin und Izbica bei Lublin und Auschwitz, während die Älteren nach Theresienstadt verbracht wurden; sie dauerten bis Juni 1943, dann folgten noch einige kleinere Transporte nach. Eine besondere Tragik lag darin, dass sich die Juden gerade in den Landgemeinden viele zu lange sicher gefühlt hatten.

Die jüdische Gemeinde in Fischach

In Fischach war auf Intervention des Bürgermeisters darauf verzichtet worden, das Tragen des ‚Judensterns' zu verlangen. Die Auswanderungsanträge häuften sich erst 1937; am 7. März 1939 heißt es im Bericht des Regierungspräsidenten: *Die Juden verhalten sich ruhig. In Fischach Lkr. Augsburg, betreiben die meisten mit Nachdruck ihre Auswanderung; ähnlich steht es auch anderwärts.* 1938/39 gelang noch 42 Personen aus Fischach die Auswanderung, doch dann wurde mit zwei Deportationen die Gemeinde ausgelöscht: am 1. April 1942 kamen 46 jüdische Bürger in die Vernichtungslager nach Polen (Piaski), am 10. August die noch verbliebenen 10 alten Menschen nach Theresienstadt – die meisten gingen in den Tod. (Gernot Römer)

Nur selten ist das persönliche Schicksal in Einzelheiten zu verfolgen wie etwa in den Erinnerungen des Arnold Erlanger aus Ichenhausen, der nach Auschwitz und Buchenwald kam und am Ende in Flossenbürg befreit wurde. Die jüdischen Gemeinden Schwabens waren ausgelöscht.

Resistenz und Widerstand

Unter der unaufhörlichen Propaganda und der Inszenierung der Macht in den Massenritualen des NS-Systems bekamen die traditionellen Milieus Risse. Hatte der politische Katholizismus der BVP schon im Sommer 1933 aufgegeben, so befand sich nach dem Reichskonkordat vom 20. Juli 1933 die Kirche in einer Verteidigungsposition. Die Arbeit der Verbände und Vereine stand unter einem starken Konformitätsdruck. Die Kolpingsfamilie der Augsburger Diözese konzentrierte sich nun auf die Schulung der Führungskräfte, organisierte aber auch noch Familienwochen und Wallfahrten. So blieben von den 95 Familien im Herbst 1935 immerhin bis zum April 1937 noch 87 bestehen. Als die Gestapo Augsburg im März 1939 den katholischen Vereinen die Betätigung auf *rein weltliche Gebieten, wie z. B. der Geselligkeit, wirtschaftlicher, kultureller und sozialer Natur grundsätzlich* verbot, und dies auch scharf überwachte, zog man sich jedoch auf *religiöse Einkehrtage* zurück. Kirchenaustritte gab es aber fast nur in den Städten; zudem war im Bistum Augsburg die Osterkommunion lediglich von 70,9 % im Jahr 1938 auf 64,5 % im Jahr 1942 gesunken – recht gering im Vergleich zu anderen bayerischen Regionen. In den ländlichen Bereichen entwickelten sich Formen beharrlicher Verweigerung, bis hin zum Protest beim Angriff auf das Kruzifix im Jahr 1941.

Auch im sozialdemokratischen Arbeitermilieu wich man auf die Arbeitersport- und kulturvereine aus. So versuchte etwa der Vorsitzende den Arbeiter-Gesangsverein in Neuburg a. d. Donau in einen ‚Volkschor' umzubenennen, in Schongau waren die Arbeiter der Haindl'schen Papierfabrik zu einer Werkskapelle mutiert und in Augsburg konnte sich ein Kern der MAN-Arbeiterschaft trotz steigenden Drucks in der Fab-

Bebo (Josef) Wager (1905–1943).

rikfeuerwehr behaupten. Demgegenüber wurde die Messerschmitt AG, Rüstungsfabrik der Luftwaffe, zum nationalsozialistischen Musterbetrieb, in dem bevorzugt Parteigenossen und Mitglieder der NS-Gliederungen Arbeit fanden.

‚Resistenz', die Verweigerung gegenüber den Ansprüchen des nationalsozialistischen Systems, war in diesen traditionellen Milieus durchaus nicht selten. Zum ‚Widerstand', also einem Agieren darüber hinaus, kam es unter diesen Umständen jedoch nur in Ausnahmefällen. Freilich waren die Übergänge fließend: So entstand in Kaufbeuren eine Gruppe, die die verbotene ‚Rote Hilfe' für die Familien der verhafteten Genossen mit trug, in Memmingen hielten sich Kommunisten, die immer wieder ihre Gegnerschaft zum Ausdruck brachten und mit Schutzhaft bedroht wurden. Den entscheidenden Schritt zur Aktion ging die sozialdemokratischen Gruppe ‚Neu Beginnen' unter Waldemar von Knoeringen; zu ihr gehörten auch der 22-jährige Schriftsetzer Eugen Nerdinger und der 28-jährige Eisendreher Bebo Wager, die aus der Sozialdemokratischen Arbeiterjugend kamen und in Augsburg konspirative Gruppen bildeten. Während sich Nerdinger jedoch 1935/36 zurückzog, gründete Wager zusammen mit Hermann Frieb in München die ‚Revolutionären Sozialisten' und organisierte seit 1941 in der MAN Sabotageakte, um den Krieg abzukürzen; er wurde zusammen mit anderen Gesinnungsgenossen nach der Festnahme durch die Gestapo am 15./16. April des Hochverrats angeklagt und am 12. August 1943 in München-Stadelheim hingerichtet.

In den beiden Kirchen blieb der aktive Widerstand ebenfalls auf einzelne Figuren beschränkt, war doch das Hauptinteresse auf die Erhaltung der eigenen Strukturen gerichtet. Auf evangelischer Seite hatte sich in Schwaben ein starker Kreis der ‚Bekennenden Kirche' gegen die ‚Deutschen Christen' zusammengefunden, der sich auf einer Tagung vom 4. bis 6. Juni 1934 in Augsburg gegen die Eingriffe des NS-Systems zur Wehr setzte. Der Augsburger Dekan Wilhelm Bogner nahm dabei eine herausragende Rolle ein und der Gögginger Pfarrer Helmut Kern, ursprünglich selbst völkisch orientiert, wandelte sich als Landesbeauftragter für die Volksmission zu einem ihrer exponiertesten Vertreter.

Auch bei der katholischen Kirche lagen die Widerstandspotentiale nicht nur bei antinationalsozialistischen Äußerungen, wie sie mehrmals in Memmingen verfolgt wurden. Der katholische Publizist Hans Rost schrieb Ende 1932 eine Artikelserie in der ‚Augsburger Postzeitung' unter dem Titel „Christus! – nicht Hitler", und Hans Adlhoch, der ehemalige Generalsekretär des Verbandes der Katholischen Arbeiter- und Arbeiterinnenvereine, 1933 auch kurz Reichstagsabgeordneter der BVP, musste seine Angriffe auf das Regime mit mehrfachen Verhaftungen und KZ-Aufenthalten bezahlen; er starb am 26. April 1945 auf dem Todesmarsch der Häftlinge von Dachau nach Bad Tölz.

Die Kontakte zu den nationalen Kreisen des Widerstandes blieben lediglich punktuell. Claus Graf Schenk von Stauffenberg wurde zwar 1907 auf dem Familiensitz in Jettingen geboren und wuchs in Stuttgart auf, doch war seine Verankerung in der deutschen Reichswehr entscheidender. Immerhin hatte auch Joseph-Ernst Graf Fugger von Glött Kontakte zum ‚Kreisauer Kreis' und erklärte sich bereit, für ihn das Amt eines Landesverwesers für Bayern zu übernehmen, sodass er nach dem gescheiterten Attentat auf Hitler am 20. Juli 1944 durch den Volksgerichtshof zu einer Haftstrafe verurteilt wurde.

Die Region im Krieg

Der Krieg verschärfte auch in Schwaben die Ideologisierung, den Terror wie die Zerstörung, die dem NS-System innewohnten. Zunächst waren seine indirekten Wirkungen spürbar, die Zwangsbewirtschaftung der Lebensmittelknappheit wie die Spendenaufrufe, dann die Kinderlandverschickungen, aber auch die Luftschutzübungen. 1939 wurde Bad Wörishofen zum Hilfs- und Reservelazarett erklärt, das Kreiskrankenhaus Mindelheim zum Teillazarett für Schwerverletzte, im April 1945 waren mehr als 4000 Soldaten und Evakuierte in der Kurstadt Wörishofen untergebracht. Zwangsarbeiter bestimmten zunehmend das Bild der Wirtschaft und des Alltags: In Schwaben zählte man am 1. Oktober 1942 bereits 15 610 zivile Zwangsarbeiter und ‚Ostarbeiter' aus der Sowjetunion in der Landwirtschaft und vor allem in kriegswichtigen Betrieben wie etwa der Messerschmitt AG in Augsburg (über 5000), in Neu-Ulm und Ulm (1300) u. a. in der Möbelfabrik Meyers Söhne und bei Magirus, in Lindau bei Dornier und Wankel (770). Die Ostarbeiter wurden am schlechtesten behandelt; sie waren in primitiven Lagern untergebracht und unterstanden einem harten Strafkodex.

Als seit 1943 die Zwangsarbeit in die KZs vordrang, war Dachau mit seinen Außenlagern plötzlich auch in Schwaben präsent. Wiederum war es vorwiegend die Rüstungsindustrie, in denen die Häftlinge als Arbeitssklaven eingesetzt wurden. Sie ballten sich im Raum Augsburg und Landsberg-Kaufering, verteilten sich aber bis nach Friedrichshafen und das Donautal. Im Lager Weidach (Gem. Durach) lebten 1944 etwa 600–1000 Gefangene, die für die Spinnerei und Weberei in Kottern arbeiteten, in Kempten selbst weitere 500–700. 12-Stunden-Schichten bei Wassersuppe und Brot waren die Regel. Bei Kriegsende sollten die Gefangenen in einem Treck nach Pfronten abgesetzt werden, die Kranken kamen nach Dachau.

Zwangsarbeit

> „In der Gegend um Landsberg sollten als Teil des Projekts ‚Ringeltaube' drei bombensichere Flugzeugfabriken der Firma Messerschmitt errichtet werden. Dort sollte der Düsenjäger Me 262 gebaut werden. Die Bunkerbauten trugen die Decknamen Diana II, Walnuss II und Weingut II. Aufgrund der dicken Kiesschichten auf dem Lechfeld konnten hier relativ einfach halbunterirdische Großbunker betoniert werden. Der Bau hatte höchste Priorität, denn die die Me 262 sollte neben den V-Waffen den Krieg noch wenden. Ab Juni 1944 wurden etwa 30 000 jüdische KZ-Häftlinge, Männer und Frauen vorwiegend aus dem damaligen Ungarn, zum Bunkerbau antransportiert. Zu ihrer Unterbringung wurden beginnend in der Nähe des Bahnhofs von Kaufering elf Außenlager des KZ Dachau zumeist von den Gefangenen selbst errichtet." (Wolfgang Kucera)

Die großen Luftangriffe der Alliierten trafen vor allem die Industriestädte: Augsburg wurde am 25./26. Februar 1944 in drei Wellen und dann noch einmal knapp drei Wochen später zerstört, Neu-Ulm am 1. und 4. März 1945, Memmingen am 20. Juli 1944 und am 9. und 20. April 1945. Der ‚Durchhalteterror' mit *Volkssturm*, *Werwolf-Oganisiation* – auch wenn sie hier nicht mehr zum Einsatz kamen –, und Standgerichtsurteile sprechen auch für Schwaben eine deutliche Sprache. Freilich trifft auch zu, dass das Vordringen der amerikanischen Truppen nur selten auf Widerstand stieß, nachdem sie am 22. April die Donaubrücke bei Dillingen und am 25. die bei Ulm und Donauwörth überschritten hatten und in wenigen Tagen auf breiter Front bis zum Lech vordrangen. Allerdings war die Legende vom ‚sanften' Kriegsende, die Gauleiter Wahl für sich beanspruchte, nur insofern berechtigt, als er einer kampflosen Übergabe der Gauhauptstadt Schwaben nicht mehr im Wege stand. Bis kurz vor dem bitteren Ende jedenfalls war das NS-System auch in Schwaben zum Durchhalten bereit.

Nach dem Krieg

Die Besetzung durch die amerikanischen Truppen erlebten die meisten wohl als Kriegsende, die Fremdarbeiter, KZ-Häftlinge und die wenigen noch versteckt lebenden Juden jedoch als Befreiung. Als ‚Diplaced Persons' in Sammellagern untergebracht und durch die UNRRA (United Nations Relief and Rehabilitation Administration), dann der IRO (International Refugee Organization) versorgt, warteten sie auf Repatriierung oder Auswanderung; die jüdischen Überlebenden sahen, ebenfalls vielfach in Lagern – eines davon in Landsberg – ihren Aufenthalt als reinen Übergang entweder nach Palästina oder in den atlantischen Westen. Nur wenige blieben, wie in Augsburg, wo sich mit Juden osteuropäischer Abstammung mühsam eine neue Gemeinde, zuständig für ganz Schwaben von Lindau bis Nördlingen, zu formen begann.

Flüchtlinge und Vertriebene

Der Strom der deutschen Flüchtlinge hatte bereits im Herbst 1944 eingesetzt und schwoll nun vor allem durch die Vertreibung der Sudetendeutschen an. Schwaben gehörte wegen seiner dörflich-kleinstädtischen Anteile zu den am meisten belasteten Regionen: Die Landkreise Kaufbeuren und Marktoberdorf, Mittelschwaben mit den Landkreisen Günzburg, Krumbach, Wertingen, Neu-Ulm und Illertissen und das Ries verzeichneten Anteile von über 30% der neuen Gesamtbevölkerung. Es war zweifellos die stärkste Migration seit dem 17. Jahrhundert, und mit ihr stellten sich erhebliche soziale Veränderungen ein. Große Teile der ‚Neubürger' stammten aus Städten – und fanden sich nun auf dem Lande wieder; zudem wurden die noch vielfach konfessionell einheitlichen Gemeinden durchmischt – in der jeweiligen Diaspora bildeten sich katholische bzw. evangelische Gemeinden. Verschiedene Welten prallten aufeinander und führten zu mannigfaltigen Konflikten. Dabei sahen sich alle gemeinsam unter dem Druck einer massiven Ernährungskrise, und die zahlreichen Evakuierten aus den zerstörten Städten verschärften das Problem noch bis in die beginnenden 1950er-Jahre. Am schwierigsten war die Lage im Hungerwinter 1947/48; oft sicherten nur ‚Hamsterkäufe' und ‚Schwarzmärkte' das Überleben – und der Gemüseanbau in den Kleingärten.

Die neue Wirklichkeit spiegelt sich in der Statistik. Krumbach verzeichnete beispielswesie für den Januar 1947 neben den 4189 Einheimischen, etwa 1400 Flüchtlinge, 403 Evakuierte und 163 Ausländer, davon 113 Juden – die ehemalige jüdische Ferienkolonie wurde bis Oktober 1951 zur Rabbinatshochschule. Kein Wunder, dass die Heimatvertriebenen auf ein ‚Hundeleben' zurückblickten: „Man habe gehungert und viel gefroren, da das Heizmaterial nicht ausgereicht habe und die Wärmestube in Krumbach ständig überfüllt gewesen sei. Viele sammelten Reisig im Wald sowie Ähren und Kartoffeln auf den abgeernteten Feldern oder halfen bei Bauern während der Erntezeit mit, um sich so Heizmaterial und Nahrungsmittel zu beschaffen" (Barbara Sallinger). Ihre Integration seit den 1950er-Jahren war zweifellos eine der großen politischen und sozialen Leistungen er Nachkriegszeit.

Eine besondere Stellung gewann die ‚Flüchtlingsstadt Neugablonz', ein Stadtteil von Kaufbeuren. Weil ihre Bürger fast ausschließlich aus Stadt und Kreis Gablonz stammten wurde es die größte geschlossene Ansiedlung von Heimatvertriebenen in ganz Deutschland. Damit verband sich eine „importierte Industrialisierung", denn die Zugewanderten hatten mit einem Anteil von zwei Dritteln aus Industrie und Handwerk ein hohes Gewerbepotential mitgebracht. Die stürmische Entwicklung des neuen Stadtteils ist vor allem ihnen zuzuschreiben, gestützt von der Kaufbeurer Stadtverwaltung – während die bayerische Staatsregierung eher auf eine Dezentralisierung setzte.

Neugablonz

„Am Jahresende 1952 lebten dort bereits mehr als 5000 Menschen. Die Zunahme der Bevölkerung setzte sich auch in der Folgezeit ungebremst fort. Im Jahr 1958 durchbrach Neugablonz die ‚Schallmauer' von 10 000 Einwohnern ...1955 befanden sich von den bei der Stadt gemeldeten Betrieben lediglich 770 (= 43,7 %) in den Händen ‚alteingesessener' Kaufbeurer Bürger, während die Eigentümer der übrigen Unternehmen (darunter allein 690 Betriebe der Gablonzer Glas- und Schmuckwarenindustrie) Heimatvertriebene waren." Es entstand eine ‚Doppelstadt' mit jeweils eigener Identität bis heute. „Die Kaufbeurer Kernstadt steht in der weithin ungebrochenen Tradition der ehemaligen Freien Reichsstadt, während Neugablonz das historische Erbe der nordböhmischen Schmuckstadt Gablonz pflegt und die Industrie der alten Heimat weiterführt. Die Doppelstadt trägt gewissermaßen einen Januskopf, der in unterschiedliche Vergangenheiten blickt." (Manfred Heerdegen)

Wachstumsregion Schwaben

Mit diesem exponierten Beispiel zeichnen sich Elemente des Strukturwandels ab, der sich seit der Nachkriegszeit entfaltete: Wenn Bayern in der zweiten Hälfte des 20. Jahrhunderts vom Agrarland zum Industrieland wurde, dann gilt das für Schwaben nicht in dieser Schärfe, blickte es doch neben seiner Landwirtschaft auf eine außerordentlich lange Gewerbegeschichte zurück. Deshalb wies es langfristig in der Entwicklung des 20. Jahrhunderts weiterhin überdurchschnittliche Werte für die agrarische wie für die industrielle Produktion auf. Die Ansatzpunkte dafür lagen in den grundgelegten Merkmalen seiner Textillandschaft, sodass der generelle Trend für die Industrie nach den Einbrüchen in den 1920er-Jahren hier seit 1933 eine starke Beschleunigung erfuhr. Die nationalsozialistische Rüstungsindustrie machte Schwaben zu einem Rüstungszentrum von nationaler Bedeutung, und zwar nicht nur in den Großwerken von MAN (Geschütze, Schiffs- und U-Boot-Motoren) und Messerschmitt (Flugzeuge) in Augsburg, sondern auch in einer außerordentlichen Streuung über das gesamte Land vom Allgäu (Kempten, Immenstadt) bis zur Donau (Donauwörth, Lauingen, Neuburg etc.); Neugründungen spielten dabei kaum eine Rolle, vielmehr nutzte man die Ansatzpunkte der lokalen Betriebe. Die Beschäftigtenzahl in der Metallindustrie (57 168) überstieg im Herbst 1944 erstmals deutlich die der Textilindustrie (10 509).

Diese Vorgaben gehörten zu den Startbedingungen nach dem Krieg, die Schwaben 1950 als eine der stärksten Wachstumsregionen Bayerns auszeichnete: Dass sieben Stadtkreise und 13 Landkreise den gewerblich-industriellen Anteil erheblich ausweiten konnten, war sicher dem hohen Anteil der Vertriebenen geschuldet, die sich in den kleinen und mittleren Städten niederließen – und damit eine neue Phase in der Jahrhunderte langen Urbanisierung auslösten. Sicher resultierte dieser Trend aber auch aus der Tatsache, dass gerade diese kleineren Landstädte vom Bombardement verschont geblieben waren und die Demontage zwar die großen Waffenproduzenten und die chemische Industrie der IG Farben (in Bobingen und Gersthofen), nicht aber die regionale Verarbeitungsindustrie getroffen hatte.

Diese Entwicklung konnte sich problemlos in die anschließende bayerische Wirtschaftspolitik seit den 1950er-Jahren einpassen, die sich zunächst als Kreditlenkung im Wiederaufbau verstand – auch wenn sich wieder einmal die Vorstellung breit machte, Schwaben sei ein Stiefkind Bayerns. Das Gesamturteil bleibt: „Es lag nicht zuletzt an diesen günstigen Ausgangsbedingungen, dass der Regierungsbezirk Schwaben seine Rolle als dynamische Industrieregion ... noch bis in die 1960er-Jahre ohne größere Rückschläge ausbauen und konservieren konnte“ (Stefan Grüner).

Politischer Neuanfang

Ansonsten war der Regierungsbezirk Schwaben fast unverändert in die Nachkriegszeit gegangen: Nur der Landkreis Lindau war gemäß der Proklamation Nr. 2 vom 9. September 1945, die die Staatlichkeit Bayerns wieder herstellte, unter französische Besatzung gekommen und blieb dort bis 1956 als ‚französisches Bayern‘ in einer staatsrechtlichen Sonderstellung, nämlich unter einem Kreispräsidenten; das Amt wurde dem Sozialdemokraten Oskar Groll übertragen, der allerdings zwei Tage nach der Ernennung verstarb und von dem Christdemokraten Anton Zwisler beerbt wurde. Es sollte sich zeigen, dass sich dieser Sonderfall wirtschaftlich außerordentlich günstig auswirkte. Die erneuten „Träume von einem schwäbisch-alemannischen Staat“, die diesmal von einem ‚Schwäbisch-alemannischen Heimatbund' in Singen ausgingen, dem der Konstanzer Archivar Otto Feger die historische Argumentation lieferte, wollten erneut *das bayerische Schwaben, das ja stets mehr schwäbisch als bayerisch dachte,* einbezogen wissen (Jürgen Klöckler). Es lag auch in der Tradition, dass sie im bayerischen Schwaben noch eine andere Stoßrichtung erhielten: In der ‚Schwäbischen Landeszeitung' verbanden sie sich mit der Forderung nach einer Dezentralisierung Bayerns.

Bei den Neuanfängen des realen politischen Lebens machten sich einige Nuancen bemerkbar. Die ‚Entnazifizierung' Augsburgs galt in der gesamten Zone als besonders hart, was die Entlassung von Nationalsozialisten aus nichtamtlichen Positionen betraf, und angeblich waren die schwäbischen Spruchkammern besonders schnell, doch die Ergebnisse unterschieden sich dann nicht grundsätzlich von denen anderer Regionen; insbesondere zeigten sie weder in Augsburg noch in Memmingen entscheidende Auswirkungen auf die wirtschaftliche Entwicklung. In der frühen Parteienlandschaft lebten nur wenige lokale und regionale Besonderheiten wieder auf. Während die KPD kaum Einfluss in Schwaben gewann, konnte die SPD an den Strukturen der Weimarer Zeit anknüpfen; die liberalen Traditionen in Schwaben waren jedoch offenbar nur noch bedingt tragfähig. Die Neugründung der ‚Christlich Sozialen Union' (CSU), die nun neben den Traditionen der alten BVP einen überkonfessioneller Anspruch vertrat, konnte sich auf lokaler Ebene an der Jahreswende 1945/46 entweder durch Anstöße von außen vollziehen, wie etwa im Landkreis Günzburg, wo Fritz Schäffer familiäre Beziehungen einsetzte. Andernorts konnte sie auf lokalen Strukturen aufbauen, wie im Landkreis Krumbach, wo es Dr. Fridolin Rothermel gelang, die verschiedenen politischen Gruppierungen zu einen.

Die ersten Landtagswahlen vom 1. Dezember 1946 zeigten, dass die CSU mit 59,6% der Stimmen tatsächlich zum neuen Sammelbecken wurde, während die SPD mit 23% mit ihren vorwiegend städtischen Wählern erst weit dahinter platziert war. Nach der Gründung der ‚Bayernpartei' (BP) im März 1948 und des ‚Bundes der Heimatvertriebenen und Entrechteten' (BHE) als Flüchtlingspartei 1950 sowie den Resten der rechtsradikalen ‚Wirtschaftlichen Aufbau-Vereinigung' (WAV) mit ihrem demagogischen Gründer Alfred Loritz verschoben sich die Ergebnisse freilich. Dass die Flüchtlingsgruppen in Kaufbeuren 1948 mit 27% und die WAV 1949 mit 31,4% Spitzenwerte erlangten, lag an der dortigen neuen städtischen Struktur; immerhin nahm die Bayernpartei mit 18,8% die zweite Stelle ein. Aber auch in Kempten war die WAV in der Landtagswahl 1946 mit 10,7% und 1950 mit 4,6% noch beachtlich vertreten, während der BHE auf 8,4% kam und die BP mit 13,1% zu Buche schlug. Die großen Erfolge der Bayernpartei lagen allerdings nicht in Schwaben, auch wenn sie in der Bundestagswahl von 1949 in den südlichen Landkreisen von Mindelheim bis Füssen sowie Dillingen und Günzburg 30–40% der Stimmen auf sich vereinigen konnte. Die FDP wiederum fand damals im Allgäu und entlang der Iller mit bis zu 20% ihre größten Wählerpotenziale, ein Nachklang der alten liberalen Zeiten. Auf längere Sicht freilich wurde Schwaben zu einer Domäne der CSU – mit Ausnahme der großen Städte, in denen die SPD mit ihr zumindest konkurrieren konnte.

Zwischen Globalisierung und Regionalisierung

Die Aufbruchsstimmung des ‚Wirtschaftswunders' mündete ein in eine ‚Modernisierung', in der systematische Planungsintentionen favorisiert wurden. Die Gebietsreform sollte erste Voraussetzungen dafür schaffen: Vorangetrieben seit 1971 vom Innenministerium unter Leitung von Bruno Merk – der seinerseits aus Großkötz stammte und 1960–66 Landrat von Günzburg gewesen war –, ging es darum, auf Gemeinde- und Kreisebene größere und zusammenhängende Einheiten zu schaffen zur *Steigerung der Wirksamkeit, Wirtschaftlichkeit und Bürgernähe der gesamten Verwaltung*. Der Regierungsbezirk erfuhr eine Grenzkorrektur gegenüber Altbayern: Neuburg kam zu Oberbayern, Aichach zu Schwaben – und damit war die alte historische Grenze zu Altbayern noch mehr verwischt. Von den 20 alten Landkreisen Schwabens blieben 1972 nur mehr 10 übrig – Donau-Ries, Dillingen, Neu-Ulm, Günzburg, Augsburg, Aichach-Friedberg, Unterallgäu, Ostallgäu, Oberallgäu und Lindau (Bodensee) –, von den neun kreisfreien Städten nur mehr vier – Augsburg, Memmingen, Kaufbeuren, Kempten –, die anderen wurden zu ‚Großen Kreisstädten' zurückgestuft. Der zweite Schritt, die Gemeindereform, die erst 1978 abgeschlossen werden konnte, reduzierte die Zahl der Gemeinden erheblich durch Zusammenschlüsse und die Bildung von Verwaltungsgemeinschaften – die Empfindlichkeiten und massiven Widerstände vor Ort beschäftigten allerdings die Verwaltungsgerichte noch lange.

Schwaben als Industrielandschaft

Der nächste Schritt war die Landesplanung, mit der Bayern bereits seit den 1960er-Jahren seine Standortnachteile im europäischen Rahmen ausgleichen wollte; sie setzte schließlich Impulse in Gang, die auch in Schwaben wirksam werden sollten, denn die Verbindung von Industrialisierung und dezentraler Raumordnung, im Spannungsfeld von Bayern und dem Bund höchst umstritten, zog regional begrenzte Raumordnungspläne nach sich.

Der moderate Modernisierer: Anton Jaumann

Personifizierbar wird dieser politische Modernisierungsschub in Anton Jaumann (1927–1994). Er stammte aus dem ländlichen Milieu des Ries und blieb ihm und Schwaben als Heimat verbunden: Von der Mitte der 1970er-Jahre an stieg er für ein Jahrzehnt in der CSU zur „politischen Führungspersönlichkeit in Bayerisch-Schwaben" auf. Von 1958 bis 1990 Mitglied des Bayerischen Landtags, 1963 bis 1967 Generalsekretär der CSU, wurde er 1966 bis 1970 Staatssekretär im Finanzministe-

Anton Jaumann (1927–1994).

rium, danach bis 1988 Wirtschaftminister. Konservative Sozialisation stimmte ihn skeptisch gegenüber den rationalen Planungen der Gebietsreform, die schwäbische Herkunft veranlasste ihn gegenüber dem „vermeintlichen Gigantismus bei der Planung der Olympischen Spiele" in München zur Forderung nach einer vergleichbaren Behandlung von Augsburg und Nürnberg. Als Wirtschaftsminister verfügte er über die Kompetenzen der Landesplanung, betrieb sie aber mit dem Motiv „die ökonomischen und damit die kulturellen Lebensbedingungen der Menschen durch die Erreichung gleichwertiger, nicht gleichartiger, Lebensverhältnisse insbesondere auch im ländlichen Raum zu verbessern" – auch in zeitweise deutlicher Spannung gegenüber Franz Josef Strauß. (Ferdinand Kramer)

Wenn in diesen Planungen die Vorstellungen von einem ‚System der zentralen Orte' wirksam werden sollten, dann war das in Schwaben nichts Neues, war doch seit der frühen Urbanisierung genau diese Struktur gewachsen. Freilich erfuhr sie nun eine geplante Erweiterung. Neben Augsburg waren neue Ballungsgebiete im Raum Ulm/Neu-Ulm, Kempten und Memmingen entstanden; zwei neue Entwicklungsachsen schlugen sich in einer Serie von Stadt- und Markterhebungen nieder: zum einen im Raum Augsburg und entlang der Achse des Lech von Meitingen (Markt 1988) über Gersthofen (Stadt 1969) und Neusäß (Stadt 1988) bis Königsbrunn (Stadt 1967) und Bobingen (Stadt 1969) – nachdem Schwabmünchen (1953) und Buchloe (1954) schon zu Städten erhoben worden waren –, zum anderen entlang der Iller nach Illertissen (Stadt 1954) mit Senden (Stadt 1975) und Vöhringen (Stadt 1977).

Die Weiterführung des Industrialisierungsprozesses – begleitet von einer Rationalisierung der Landwirtschaft und der Umgestaltung der dörflichen Siedlungen – hatte zwar für die traditionelle Textilindustrie in den 1950er-Jahren nochmals einen kräftigen Boom gebracht, der nur mit Hilfe von Gastarbeitern aus den Mittelmeerländern bewältigt werden konnte. So hatte beispielsweise das von Christian Dierig geleitete Textilunternehmen aus Schlesien 1950/51 seinen Sitz in Augsburg genommen und stieg zu einem führenden deutschen Textilkonzern mit seinen Hauptwerken in Augsburg und Kempten-Kot-

EADS Werk Donauwörth: Helikopterfertigung.

tern auf. Die Farbwerke Hoechst entwickelten in Bobingen die Kunstfaser Trevira und erreichten 1970 mit einer Belegschaft von 4837 Beschäftigten ihren Höhepunkt. Doch seit der Wirtschaftskrise 1974 folgte eine Phase permanenter Schrumpfung. Trotz einer Modernisierung mit synthetischen Fasern und einer hochtechnischen Rationalisierung geriet die Textilindustrie immer stärker in die Defensive – der spektakuläre Bankrott von Glöggler 1975, des 1974 noch umsatzstärksten Textilkonzerns in der Bundesrepublik, war ein markantes Zeichen. Die Textilindustrie hatte buchstäblich „den Faden verloren", die ausländische Produktion hatte sie in die Knie gezwungen (Stefan Lindner). Als die letzten Textilbetriebe schlossen – die Augsburger Kattunfabrik 2001, in Kaufbeuren die traditionsreiche Mechanischen Baumwollspinnerei und Weberei 2005 – war der seit dem Hochmittelalter durchgängige Leitsektor der Wirtschaft Schwabens am Ende; freilich teilte es diese ökonomische Umstrukturierung mit der gesamten Bundesrepublik. Der etablierte

Maschinen- und Fahrzeugbau, die Elektrotechnik und Feinmechanik schoben sich weiter in den Vordergrund, die Chemie, Mineralöl- und Kunststoffverarbeitung nahmen zu, in den letzten Jahrzehnten überlagert durch die Computertechnik.

Eurocopter-Standort Donauwörth

In Donauwörth war aus der Waggon- und Maschinenfabrik, die seit 1924 für die Reichsbahn arbeitete und nach dem Krieg 1954 die Fertigung von Aufträgen für den Flugzeugbau übernahm, seit 1972 ein Werk der Messerschmitt-Bölkow-Blohm geworden, das u. a. auch am Bau der ersten Generation des ICE beteiligt war. Seit 2000 in der EADS (European Aeronautic Defence and Space Company) ist ein führendes Unternehmen für die Entwicklung, Konstruktion, Produktion und Wartung von Fluggeräten daraus erwachsen; hier werden mit über 5300 Mitarbeitern Hubschrauber und Aerbusteile gebaut. (Klausdieter Zoth)

Pflege regionaler Identität

War damit Schwaben endgültig eingeschwenkt in eine großräumige europäische und schließlich globalisierte Wirtschaftsentwicklung, in der er seine regionalen Besonderheiten weitgehend verlor, so suchte es im kulturellen Bereich sein eigenes regionales Profil zu wahren und in verschiedenen Strängen zu entfalten. Die Traditionslinien schwäbischer Heimatpflege, die der Bezirk seit den 1920er-Jahren in ganz spezifischer Weise entwickelt hatte, nahm er insbesondere in der Ära seines Bezirkstagspräsidenten Dr. Georg Simnacher (1974–2003) auf. Die breit gefächerte Museumslandschaft kommunaler, staatlicher und privater Trägerschaft, die ihre ersten Impulse um die Wende zum 20. Jahrhundert erfahren hatte, erhielt eine massive Ausweitung, bei der der Bezirk mit dem Bauernhausmuseum in Illerbeuren, dem Rieser Bauernmuseum in Maihingen und dem Schwäbischen Volkskundemuseum in Oberschönenfeld wichtige Marksteine setzte.

Das Bewusstsein der eigenständigen historischen Landschaft stand in einer umfassenden Denkmalspflege Pate: So erstand die alte Klosterkultur der Reichsstifte seit den 1980er-Jahren wieder im Komplex des restaurierten Benediktinerklosters Irsee und in Thierhaupten, und die jüngst abgeschlossene Renovierung des Prämonstratenserstifts Roggenburg setzt einen weiteren Eckpunkt, wie er schon 1960 mit dem spektakulären Rückerwerb des alten Chorgestühls des Kartäuserklosters Buxheim bei Memmingen sichtbar geworden war. Zum anderen wurde die untergegangene jüdische Kultur in Erinnerung gerufen: Waren die Friedhöfe zunächst die einzigen Zeugen geblieben – weil der Versuch der politischen Gemeinden in der NS-Zeit, jüdische Friedhöfe zu übernehmen, an juristischen Problemen scheiterte –, so begannen nun die Bemühungen um die Restaurierung der erhaltenen Synagogenbauten; der großartige Synagogenkomplex in Augsburg machte 1985 den Anfang, und ihm folgten die Dorfsynagogen von Ichenhausen, Hainsfarth und Binswangen.

Die mediale Ebene beschritt die Kulturzeitschrift ‚Ebbes' seit 1979, ab 1989 um den gesamtschwäbischen Zusammenhalt bemüht mit dem Untertitel ‚Zeitschrift für das bayerische Schwaben vom Ries bis ins Allgäu'. Doch nach wie vor pflegten die Kleinregionen ihre jeweils eigene Identität. Für das Allgäu ist die Geschichtstradition seit dem 19. Jahrhundert lebendig, seit Franz Ludwig Baumanns dreibändiger ‚Geschichte des Allgäus' von 1883–1895 bis zu Alfred Weitnauers ‚Allgäuer Chronik' von 1969/84. Für das Ries belegen sie seit 1976 die lebendigen und vielfältigen ‚Rieser Kulturtage', bei deren Gründung der rührige Erste Vorsitzende Walter Barsig auf die ersten Anläufe der 1920er-Jahre zurückgriff. Ähnliches fehlt allerdings für ‚Mittelschwaben'; eine vertiefende Identität konnte weder von der Markgrafschaft Burgau ausgehen, noch von dem doch in Schwaben relativ fremd gebliebenen wittelsbachischen Teilterritorium, aber auch nicht vom alten Hochstift Augsburg. Und dass es inzwischen eine Schriftenreihe gibt mit dem Titel ‚Altbayern in Schwaben' zeigt die Grenzen der mentalen Integration.

Für das komplexe Konstrukt ‚Bayerisch-Schwaben' könnte zumindest die Ebene der Wissenschaft Zusammenhalt schaffen. Schon 1949 startete der Versuch, an die Zeiten der Jesuitenuniversität Dillingen im Sinne einer schwäbischen Gelehrsamkeit anzuknüpfen. Die Bemühungen um eine ‚Augsburger Akademie' in der unmittelbaren Nachkriegszeit des Jahres 1945 mündeten immerhin 1949 in die Gründung einer ‚Schwäbischen Forschungsgemeinschaft', in der die verschiedenen Ansätze zu wissenschaftlicher Erforschung und Bearbeitung der Geschichte und Landeskunde Bayerisch-Schwabens vereinigt werden sollten.

Der Traum von einer eigenen ‚schwäbischen' Universität nach der Abstufung Dillingens zum Lyceum in der Ära Montgelas (seit 1923 Philosophisch-theologische Hochschule) scheiterte zwar noch in den Jahren 1948/49, als Pläne für eine Wiederbegründung der aufgelösten Deutschen Universität in Prag in Augsburg ins Auge gefasst wurden. Er kam erst 1966 wieder in Geltung, als ein ‚Schwäbisches Hochschulkuratorium' unter dem Vorsitz von Joseph-Ernst Fürst Fugger von Glött die Möglichkeiten zur Universitätsgründung auszuloten begann. Nur wenige Wochen danach, im Juli 1966, beschloss der bayerische Landtag die Einführung eines wirtschafts- und sozialwissenschaftlichen Studiums in Augsburg, nach intensiven Diskussionen sollten dann weitere Fachbereiche angegliedert werden; das Gesetz über die neue Reformuniversität trat mit dem 1. Januar 1970 in Kraft. Die Universität Augsburg war Produkt einer Neuorientierung der bayerischen Hochschulpolitik, die sich – wieder wird die Landesplanung sichtbar – eine Regionalisierung des Hochschulwesens mit dem Ziel gleicher Bildungschancen für die Bewohner aller Regierungsbezirke als Ziel setzte. Am 23. Oktober 1974 konnte auf dem zukünftigen Campus im Süden der Stadt der Grundstein für die Neubauten gelegt werden. Inzwischen hat die Universität mit dem Ausbau der Naturwissenschaften und der Materialforschung sowie der Informatik Anschluss an die moderne Technologie gewonnen. Sie macht Schwaben zusammen mit den (Fach-)Hochschulen in Augsburg (1971), Kempten (1977) und Neu-Ulm (1994) mit den anwendungsbezogenen Wissenschaften nun auch zu einer Hochschullandschaft.

Ausblick

Schwaben in Bayern – der Gang durch die Geschichte eröffnete ein Panorama lokaler und regionaler Entwicklungsimpulse der verschiedenen Zugehörigkeiten zu ‚Gesamtschwaben' und ‚Bayern' mit den Orientierungen in den deutschen Südwesten und Südosten, aber auch ausgreifenden Beziehungsnetzen von Kunst und wissenschaftlichem Diskurs sowie europäischer und weltweiter Wirtschaft in der Vormoderne. In der rückblickenden Erinnerungskultur findet sich allenthalben Stolz auf die zentrale Stellung dieser Region in den Zeiten des Römischen Reiches deutscher Nation, die sich bis heute in der Architektur offenbart und die in den zahlreichen historischen Festen vergegenwärtigt wird. Seit der Eingliederung nach Bayern ist sie freilich immer wieder getrübt durch den Bedeutungsverlust, wenn man wieder einmal eine zentrale Funktion nach München abgeben musste – zuletzt tief getroffen durch die ICE-Strecke über Ingolstadt zur schnellen Verbindung der Doppelmetropole München-Nürnberg, der die Verkehrsanbindung ausdünnte.

Das ‚Benachteiligungssyndrom' der ‚Provinz' gegenüber der ‚Hauptstadt', das den Diskurs in Politik, Wirtschaft und Kultur seit dem 19. Jahrhundert immer wieder bestimmte, ist freilich nicht spezifisch schwäbisch. Wohl aber der Reichtum in der Vielfalt seiner Geschichte, in der sich Offenheit für regionale Konkurrenzen wie Kooperationen abbilden, die aber wohl gerade deshalb stimulierend wirkte und weit ausstrahlte – in einer europäischen Zukunft der Regionen kann sie das allemal.

Zeittafel

ab 500 v. Chr.	Latènezeit
seit 200 v. Chr.	Keltische Gruppen in Schwaben werden benannt
15 v. Chr.	Eroberung des Voralpenlandes: röm. Provinz *Raetia*
46/47 n. Chr.	Fertigstellung der *Via Claudia*
120/21	*Augusta Vindelicum* erhält Stadtrecht
ab 233	Einfälle der Alemannen
260	Römischer Sieg über die Juthungen bei Augsburg
1. H. 4. Jh.	Augsburg Hauptstadt der Provinz *Raetia secunda*
357	Schlacht bei Straßburg: Nennung von alemannischen Gliederungen
454	Tod des röm. Statthalters Aetius
496	Sieg der Franken unter Chlodwig über die Alemannen
536/37	Alemannien wird fränkisch
um 565	Venantius Fortunatus: Afrakult in Augsburg
um 730	*Lex Alamannorum*
Mitte 8. Jh.	Gründung der Klöster Füssen, Kempten, Ottobeuren
um 740–772	Bischof Wikterp von Augsburg
746	‚Blutgericht' von Cannstatt
um 760	Administrative Neuordnung durch fränk. Grafschaften
911	Burkhard (I.) †, erster schwäbischer Herzog?
923–973	Bischof Ulrich von Augsburg
952	Erhebung Herzog Liudolfs gegen Kg. Otto I.
955	Schlacht auf dem Lechfeld gegen die Ungarn
1070	Welf IV. wird Herzog von Bayern
1076/77	süddt. Fürstenopposition gegen Kg. Heinrich IV.
um 1073	Gründung des Reformkloster Rottenbuch
1079	Friedrich von Staufen wird Herzog von Schwaben
1087	*cives* (Bürger) in Augsburg
1096/98	Ausgleich zwischen den Staufern, Welfen und Zähringern
1115/16–1191	Welf VI.
1. H. 12. Jh.	Gründung der Prämonstratenserstifte Ursberg, Roggenburg, Steingaden
1167	Tod Welfs VII.
nach 1191	Das Herzogtum Schwaben wird Bestandteil der staufischen Königsherrschaft
um 1200	Schwäbisches Leinen als Exportware im Mittelmeerraum
1. H. 13. Jh.	Ausbildung der städtischen Ratsverfassung
1268	Tod Konradins in Neapel: Ende des schwäbischen Herzogtums
1274	Kg. Rudolf errichtet die Reichslandvogtei Schwaben
1276	2. Augsburger Stadtrecht
1282	Die Bauern von Eglofs erhalten das Lindauer Bürgerrecht
1301	Das Haus Habsburg übernimmt die Markgrafschaft Burgau
1336	Bischof Ulrich II. von Augsburg erhält die ‚Straßvogtei'
1345–1368	Zunftkämpfe in den schwäbischen Reichsstädten
1349	Judenpogrome zerstören die frühen Gemeinden

1376	1. Schwäbischer Städtebund
1388	Niederlage der Städte bei Döffingen gegen die Fürsten
1380–1530	Große Ravensburger Handelsgesellschaft
um 1370	Einführung der Barchentweberei in Schwaben
1406	Zusammenschluss der Adelsgesellschaft mit St. Jörgenschild in Schwaben
ab 1438/40	Ausweisung der Juden aus den schwäbischen Reichsstädten
1449/50	2. Städtekrieg
1456	Darlehen der Gesellschaft Ludwig Meuting an Herzog Sigismund von Tirol
1488–1534	Schwäbischer Bund
1500	Reichstag in Augsburg: Reichsreform
seit 1505	Fürstentum Pfalz-Neuburg
1509/18	Errichtung der Grablege der Fugger bei St. Anna in Augsburg
1518	Reichstag von Augsburg: Luther vor Cajetan
1519	Kaiserwahl Karls V. mit finanzieller Unterstützung der Fugger und Welser
1520er-Jahre	Erste reformatorische Bewegungen in den Reichsstädten
1524/25	Bauernkrieg
1530	Augsburger Reichstag: *Confessio Augustana*
1530er-Jahre	Durchsetzung der Reformation in den meisten schwäbischen Reichsstädten
1546/47	Schmalkaldischer Krieg: Donaufeldzug
1543–1573	Kardinal Otto Truchseß von Waldburg Bischof von Augsburg
1549/51	Gründung der Universität Dillingen
1559	Petrus Canisius wird Domprediger in Augsburg
1559/62	Gründung des *Gymnasium academicum* in Lauingen
1555	Augsburger Reichstag: Augsburger Religionsfriede
1582	Kalenderstreit in Augsburg
1598–1646	Bischof Heinrich von Knöringen: Gegenreformation
1606	‚Kreuz- und Fahnengefecht' in Donauwörth
1608/09	Gründung der Prot. Union und der Kath. Liga
1629	Restitutionsedikt: Rückgabe der prot. Kirchengüter
ab 1632	Der Dreißigjähriger Krieg erreicht Schwaben
1634	5./6. Sept.: Schlacht bei Nördlingen
1648	Westfälischer Friede: ab 1650 Friedensfeste
ab 1651	Neubau der Residenz in Kempten
1667	Salzgesellschaft Memmingen-Lindau
1678/79	Einführung der Kattunherstellung in Augsburg
1704	13. August: Schlacht bei Höchstädt
ab 1711	Neubau der Abtei Ottobeuren
1740/42	Vertreibung der Juden aus Pfalz-Neuburg
1767	Donauschiffahrtsgesellschaft in Günzburg
1775	Letzter Hexenprozess in Kempten
1794	Weberaufstand in Augsburg
1803	Reichsdeputationshauptschluss: Säkularisation der Reichskirche, Mediatisierung der Reichsstädte
1806	Mediatisierung der Reichsfürsten, -grafen, und -ritterschaft sowie Augsburgs

1808	Konstitution für das Königreich Bayern
1809	Übergreifen des Tiroler Aufstands ins Allgäu
1810	Vertrag mit Württemberg über die Grenzziehung
1817	‚Oberdonaukreis' mit der Hauptstadt Augsburg
1818	Verfassung für das Königreich Bayern
1827/29	Beginn der modernen Milchwirtschaft im Allgäu
1828	Einführung der ‚Landräthe' in Bayern als Vertretung der Kreise
1829	Reise König Ludwigs I. durch Schwaben
1837	Umbenennung des Oberdonaukreises in ‚Schwaben und Neuburg'
1837/40	Gründung der Mechanischen Baumwollspinnerei und Weberei (SWA) in Augsburg
1840	Eröffnung der ersten Eisenbahnstrecke München–Augsburg
1848/49	Revolution in den Städten und auf dem Land
1869	Neu-Ulm wird Stadt
1869	Hermann von Barth erforscht die Allgäuer Alpen
1918/19	Revolution in Bayern: Rätebewegung in Stadt und Land
1919	Ernst Niekisch Vorsitzender des Zentralrats in München
1918/19	Bert Brecht schreibt seine ersten Dramen
1919	Gründung des ‚Schwabenkapitels' in Ulm
1919	Verfassung des Freistaates Bayern: Kreise als Selbstverwaltungskörperschaften
1922	Erste Ortsgruppen der NSDAP bei Schwaben
1928	Karl Wahl wird Gauleiter der NSDAP
1929	Dr. Bartholmäus Eberl wird erster Kreisheimatpfleger
1932	Durchbruch der NSDAP bei den Landtagswahlen von 1932
1933	Gleichschaltung in den Städten und Gemeinden Schwabens
1938	‚Reichskristallnacht': Zerstörung der Synagogen
1940	Beginn der ‚Aktion T4' in Kaufbeuren-Irsee
ab 1943	KZ-Außenlager Dachaus in Schwaben
1943	Hinrichtung von Bebo Wager
1944	Eingliederung des Landkreises Friedberg nach Schwaben
1944/45	Luftangriffe der Alliierten
1945	Hans Adlhoch stirbt auf dem Todesmarsch der Häftlinge des KZ Dachau
1945	ab 22. April: Vordringen der US-Truppen nach Schwaben
1945	Der Landkreis Lindau wird der französ. Besatzungszone eingegliedert
1946	Wahlen zum 1. Landtag: CSU erringt die absolute Mehrheit
1956	Rückgliederung des Landkreises Lindau nach Schwaben
1972	Gebietsreform: Neuburg kommt nach Oberbayern, der Landkreis Aichach nach Schwaben
1966	Anton Jaumann wird Staatssekretär im Finanzministerium, dann Wirtschaftsminister
1970	Gründung der Universität Augsburg
2001/05	Die letzten Textilbetriebe in Augsburg bzw. Kaufbeuren schließen

Regierungspräsidenten

Generalkommissäre im (neuen) ‚Oberdonaukreis':

Karl Ernst Frh. v. Gravenreuth (1817–1826)
Karl Josef Graf v. Drechsel (1827–1828)
Ludwig Fürst v. Oettingen-Wallerstein (1828–1831)
Arnold v. Linck (1832–1838)

Regierungspräsidenten von ‚Schwaben und Neuburg':

Karl Frh. v. Stengel (1838–1843)
Dr. Anton v. Fischer (1843–1849)
Dr. Georg Karl Adolph Frhr. v. Welden (1849–1857)
Ernst Frh. v. Lerchenfeld (1858–1868)
Theodor v. Zwehl (1868–1870)
Winfried v. Hörmann (1870–1887)
Wilhelm Frh. v. Pechmann (1887)
Joseph v. Kopp (1887–1897)
Wilhelm Ritter v. Lermann (1897–1906)
Paul Ritter v. Praun (1906–1923)
Heinrich Graf Spreti (1923–1933)
Karl Wahl (1934–1945)
Dr. Konrad Kreißelmeyer (1945–1948)
Hans Martini (1949–1955)
Dr. Michael Fellner (1955–1966)
Frank Sieder (1966–1984)
Rudolf Dörr (1984–1993)
Ludwig Schmid (1993–2008)
Karl Michael Scheufele (seit 2008)

Bezirkstagspräsidenten

Präsidenten des Landraths:
Dr. Josef Munding (1829)
Anton Anselm Fürst Fugger v. Babenhausen (1830–1832, 1833–1835)
Friedrich Karl Frh. v. Eyb (1833)
Franz Graf v. Paumgarten (1836–1837)
Marquard Frh. v. Stain (1838–1845)
Joseph v. Weiß (1846–1851)
Ernst v. Stetten (1852–1863)
Ulrich v. Zoller (1864)
Oskar v. Stobäus (1865–1867)
Julius v. Röck (1868–1883)
Oskar v. Lossow (1884–1893)
Balthasar v. Reiger (1894–1898)
Adolf Horchler (1899–1919)

Präsidenten des Kreistags:
Dr. Otto Merkt (1919–1945)

Bezirkstagspräsidenten:
Albert Kaifer (1954–1958)
Josef Fischer (1958–1974)
Dr. Georg Simnacher (1974–2003)
Jürgen Reichert (seit 2003)

Literatur in Auswahl

Im Text werden Quellen kursiv, Zitate aus der Literatur in doppelten Anführungszeichen, Heraushebungen und Druckwerke in einfachen Anführungszeichen gesetzt.
Die zitierten Autoren, die sich in Sammelwerken finden, sind im Folgenden in Klammern beigegeben.

KARL-LUDWIG AY U. A. (Hg.): Die Welfen. Landesgeschichtliche Aspekte ihrer Herrschaft, Konstanz 1998

PETER BLICKLE: Die Revolution von 1525, München 2004, 4. Aufl.

MICHAEL BORGOLTE: Geschichte der Grafschaften Alemanniens in fränkischer Zeit, Sigmaringen 1984

BRUNO BUSHART: Die Fuggerkapelle bei St. Anna in Augsburg, München 1994

MICHAEL CRAMER-FÜRTIG/BERNHARD GOTTO (Hg.): „Machtergreifung" in Augsburg. Anfänge der NS-Diktatur 1933–1937, Augsburg 2008 (zit. Bernhard Gotto, Martina Steber)

WOLFGANG CZYSZ/LOTHAR BAKKER (Hg.): Die Römer in Bayern, Hamburg 2005.

Die Römer in Schwaben, München 1985 (zit. Wolfgang Czysz, Hans-Jörg Kellner, Gerhard Weber)

Die Alamannen, hg. v. Archäologischen Landesmuseum Baden-Württemberg, Stuttgart 1997 (zit.Volker Babucke, Lothar Bakker)

Die Staufer in Augsburg, Schwaben und im Reich, Augsburg 1977

Die Zeit der Staufer. Geschichte – Kunst – Kultur, Stuttgart 1977, Bd. III: Aufsätze (zit. Klaus Schreiner)

VOLKER DOTTERWEICH U. A. (Hg.): Geschichte der Stadt Kempten, Kempten 1989 (zit. Karl Filser)

PETER FASSL: Konfession, Wirtschaft und Politik. Von der Reichsstadt zur Industriestadt. Augsburg 1750–1850, Sigmaringen 1988. – DERS.: (Hg.): Das Kriegsende in Bayerisch-Schwaben 1945, Augsburg 2006 (zit. Bernhard Gotto, Wolfgang Kucera, Petra Schweizer-Maritnschek)

HANS FREI U. A. (Hg.): Historischer Atlas von Bayerisch-Schwaben, 5. Lieferg., Augsburg 1982ff.

JOHANNES FRIED: Die Wirtschaftspolitik Friedrich Barbarossas in Deutschland, in: Blätter für deutsche Landesgeschichte 120 (1984), S. 195–239

PANKRAZ FRIED: Forschungen zur bayerischen und schwäbischen Geschichte. Gesammelte Beiträge, Sigmaringen 1997

DIETER GEUENICH: Geschichte der Alemannen, Stuttgart 1997

BERNHARD GOTTO: Nationalsozialistische Kommunalpolitik. Administrative Normalität und Systemstabilisierung durch die Augsburger Stadtverwaltung 1933–1945, München 2006

GUNTHER GOTTLIEB U.A. (Hg.): Geschichte der Stadt Augsburg von der Römerzeit bis zur Gegenwart 2. Aufl., Stuttgart 1985 (zit. Georg Kreuzer, Peter Fassl)

PETER GRUPP: Faszination Berg. Die Geschichte des Alpinismus, Köln u.a. 2008

MARK HÄBERLEIN: Die Fugger. Geschichte einer Augsburger Familie (1367–1650), Stuttgart 2006

PETER CLAUS HARTMANN, Bayerns Weg in die Gegenwart, 2.Aufl. Regensburg 2004

STEFAN HEINZE: Die Region Bayerisch-Schwaben. Studien zum schwäbischen Regionalismus im 19. und 20. Jahrhundert, Augsburg 1995

Markwart Herzog u.a. (Hg.): Himmel auf Erden oder Teufelsbauwurm? Wirtschaftliche und soziale Bedingungen des süddeutschen Klosterbarock, Konstanz 2002 (zit. Franz Matsche, Klaus Schwager)

Carl A. Hoffmann/Rolf Kiessling (Hg.): Die Integration in den modernen Staat. Ostschwaben, Oberschwaben und Vorarlberg im 19. Jahrhundert, Konstanz 2007

Paul Hoser/Reinhard Baumann (Hg.). Kriegsende und Neubeginn. Die Besatzungszeit im schwäbisch-alemannischen Raum, Konstanz 2003 (zit. Stefan Grüner, Jürgen Köckler)

Joachim Jahn/ Wolfgang Hartung (Hg.): Gewerbe und Handel vor der Industrialisierung, Sigmaringendorf 1991 (zit. Wolfgang Hartung)

Joachim Jahn/Hans-Wolfgang Bayer (Hg.): Die Geschichte der Stadt Memmingen. Bd. I: Von den Anfängen bis zum Ende der Reichsstadtzeit, Stuttgart 1997 (zit. Peter Blickle). – Bd. II: Paul Hoser, Vom Neubeginn im Königreich Bayern bis 1945, Stuttgart 2001

Rainer Jehl (Hg.): Welf VI., Sigmaringen 1995

Rolf Kiessling: Die Stadt und ihr Land. Umlandpolitik, Bürgerbesitz und Wirtschaftsgefüge in Ostschwaben vom 14. bis ins 16. Jahrhundert, Köln-Wien 1989. – Ders. (Hg.): Judengemeinden in Schwaben im Kontext des Alten Reiches, Berlin 1995. – Ders. (Hg.): Die Universität Dillingen und ihre Nachfolger. Stationen und Aspekte einer Hochschule in Schwaben, Dillingen a.d. Donau 1999. – Ders. (Hg.): Stadt und Land in der Geschichte Ostschwabens, Augsburg 2005. – Ders./Sabine Ullmann (Hg.): Das Reich in der Region während des Spätmittelalters und der Frühen Neuzeit, Konstanz 2005. – Ders.: Schwabens Weg in das Königreich Bayern, in: Alois Schmid (Hg.), 1806. Bayern wird Königreich, Regensburg 2006, S. 147–169. – Ders. (Hg.): Schwäbisch-Österreich. Zur Geschichte der Markgrafschaft Burgau (1301–1805), Augsburg 2007

Ulrich Klinkert: Revolution in der Provinz. Kaufbeuren in den Jahren 1848 bis 1849, Thalhofen2004

Alexander Koch/ Juliane Stadler (Hg.): Geraubt und im Rhein versunken – der Barbarenschatz, Speyer 2006 (zit. Lothar Bakker)

Ferdinand Kramer: Wirtschaftsminister Anton Jaumann. Eine politisch-biographische Skizze, München 1997

Jürgen Kraus u.a. (Hg.): Die Stadt Kaufbeuren, 3 Bde., Thalhofen 1999–2006 (zit. Manfred Heerdegen)

Elmar Kuhn (Hg.): Bauernkrieg in Oberschwaben, Tübingen 2000

Werner Lengger: Leben und Sterben in Schwaben. Studien zur Bevölkerungsentwicklung und Migration zwischen Lech und Iller, Ries und Alpen im 17. Jahrhundert, 2 Bde., Augsburg 2002

Karl Lindner (Hg.): Geschichte der Allgäuer Milchwirtschaft. 100 Jahre Allgäuer Milch im Dienste der Ernährung, Kempten 1955

Stefan Lindner: Den Faden verloren. Die westdeutsche und die französische Textilindustrie auf dem Rückzug (1930/45–1990), München 2001

Renate Maier u.a. (Hg.): Revolution! Bayern 1918/19, Augsburg 2008.

Helmut Maurer: Der Herzog von Schwaben. Grundlagen, Wirkungen und Wesen seiner Herrschaft in ottonischer, salischer und staufischer Zeit, Sigmaringen 1978

Franz Quarthal/Gerhard Faix (Hg.), Die Habsburger im deutschen Südwesten, Sigmaringen 2000 (zit. Dieter Mertens)

WILFRIED MENGHIN: Frühgeschichte Bayerns, Stuttgart1990

JOHANNES MORDSTEIN: Selbstbewußte Untertänigkeit. Obrigkeit und Judengemeinden im Spiegel der Judenschutzbriefe der Grafschaft Oettingen 1637–1806, Epfendorf 2005

RAINER MÜLLER (Hg.): Bilder des Reiches, Sigmaringen 1997

DIETMAR NICKEL: Die Revolution 1848/49 in Augsburg und Bayerisch-Schwaben, Augsburg 1965

PETER NOVOTNY: Vereinödung im Allgäu und in den angrenzenden Gebieten, Kempten 1984

BARUCH Z. OPHIR/FALK WIESEMANN: Die jüdischen Gemeinden in Bayern 1918–1945, München 1979

WOLFGANG PETZ: Zweimal Kempten – Geschichte einer Doppelstadt (1694–1836), München 1998

HANS PÖRNBACHER: Schwäbische Literaturgeschichte, Weißenhorn 2002

WALTER PÖTZL/OTTO SCHNEIDER (Hg.): Vor- und Frühgeschichte. Archäologie einer Landschaft, Augsburg 1996, S. 203–266 (zit. Wolfgang Czysz)

ULRICH PÖTZL: Sozialpsychiatrie, Erbbiologie und Lebensvernichtung. Valentin Faltlhauser, Direktor der Heil- und Pflegeanstalt Kaufbeuren-Irsee in der Zeit des Nationalsozialismus, Husum 1995

GERNOT RÖMER: Der Leidensweg der Juden in Schwaben, Augsburg 1983. – DERS.: Die Grauen Busse in Schwaben, Augsburg 1986

THEODOR ROLLE: Die Reise König Ludwigs I. von Bayern durch den Oberdonaukreis und nach Augsburg im Jahre 1829, in: Zeitschrift des Historischen Vereins Schwaben 80 (1986/87), S. 9–65

BARBARA SALLINGER: Krumbach. Vorderösterreichischer Markt, Bayerisch-Schwäbische Stadt, Bd. II: Krumbach im Zwanzigsten Jahrhundert, Krumbach 1993

ALOIS SCHMID/KATHARINA WEIGAND (Hg.): Bayern nach Jahr und Tag, München 2007 (zit. Johannes Burkhardt)

CLAUSDIETER SCHOTT (Hg.): Lex Alamannorum. Das Gesetz der Alemannen, Augsburg 1993

HANS-EUGEN SPECKER: Ulm. Stadtgeschichte, Ulm 1977 (zit. Horst Rabe)

MAX SPINDLER/ANDREAS KRAUS/ALOIS SCHMID (Hg.): Handbuch der bayerischen Geschichte. Bd. 3,2: Geschichte Schwabens bis zum Ausgang des 18. Jahrhunderts, München ²2001; Bd. 4,1–2: Das Neue Bayern von 1800 bis zur Gegenwart, München, 2. Aufl. 2003–2007

WILFRIED SPONSEL, Burgen, Schlösser und Residenzen in Bayerisch-Schwaben, Augsburg 2006

MARTINA STEBER: Ethnische Gewissheiten. Kultur und Politik im bayerischen Schwaben vom Kaiserreich bis zum NS-Regime, Diss. Augsburg 2005

WILHELM STÖRMER/ ELISABETH LUKAS-GÖTZ (Hg.): Hochmittelalterliche Adelsfamilien in Altbayern, Franken und Schwaben, München 2005

SABINE ULLMANN: Nachbarschaft und Konkurrenz. Juden und Christen in Dörfern der Markgrafschaft Burgau 1650 bis 1750, Göttingen 1999

DIETMAR H. VOGES: Die Reichsstadt Nördlingen, München 1988. – DERS.: Nördlingen seit der Reformation, München 1998

MANFRED WEITLAUFF (Hg.): Bischof Ulrich von Augsburg. 890 – 973. Seine Zeit, sein Leben, seine Verehrung, Weißenhorn 1993

JÖRG WESTERBURG: Integration trotz Reform. Die Eingliederung der ostschwäbischen Territorien und ihrer Bevölkerung in den bayerischen

Staat in der ersten Hälfte des 19. Jahrhunderts, Thalhofen 2001
WOLFGANG WÜST: Das Fürstbistum Augsburg. Ein geistlicher Staat im Heiligen Römischen Reich Deutscher Nation, Augsburg 1997
ZDENEK ZOFKA: Die Ausbreitung des Nationalsozialismus auf dem Lande, München 1979
WOLFGANG ZORN: Studia Sueviae Historica. Beiträge zur Geschichte Bayerisch-Schwabens, Augsburg 1997. – DERS.: Handels- und Industriegeschichte Bayerisch Schwabens 1648–1870, Augsburg 1961
KLAUSDIETER ZOTH: Das „Werk in Donauwörth" – Eurocopter, Donauwörth 2008
KARL-HEINZ ZUBER: Der „Fürst-Proletarier" Ludwig von Oettingen-Wallerstein (1791–1870), München 1978

Internetadressen

www.regierung-schwaben.bayern.de
www.bezirk-schwaben.de
www.hv-schwaben.de (Historischer Verein Schwaben)
www.bkl.badw.de/sfa/sfg.htm (Schwäbische Forschungsgemeinschaft)
www.philhist.uni-augsburg.de/lehrstuehle/geschichte/bayerische
www.jkmas.de (Jüdisches Kulturmuseum Augsburg-Schwaben)

Kirche
www.bistum-augsburg.de
www.schwaben-evangelisch.de

Tourismus
www.allgaeu.info/
www.bayerisch-schwaben.de
www.bayerisch-schwaben.info/tvabs.html
www.schwaben-allgaeu-information.de

Wirtschaft
www.augsburg.ihk.de

Register

Personen

Orte

Bildnachweis

akg-images Berlin: 161
Anton H. Konrad Verlag: 43
Bildarchiv Preußischer Kulturbesitz, Berlin: 109
context verlag, Martin Kluger: 93
Germanisches Nationalmuseum Nürnberg: 84, 121
http://commons.wikimedia.org: 13, 19 (Der Reisende), 152
http://eads.net: 192
Milchwirtschaftlicher Verein Allgäu-Schwaben e. V.: 149
Nach Dietz/Fischer, Die Römer in Regensburg. Regensburg, 1996: 15
Rolf Kießling: 111
Rudi Schmitt, Leipheim: 82
Sächsische Landesbibliothek – Staats- und Universitätsbibliothek Dresden: 76
Staats- und Stadtbibliothek Augsburg: 57, 72, 100, 131
Stadt Ichenhausen: 114
Stadtarchiv Augsburg: 169, 173, 180
Stadtarchiv Kaufbeuren: 137
Stadtarchiv Ulm: 49
St. Ulrich und Afra, Augsburg: 34 (Foto: Alberto Luisa)
Studienbibliothek Dillingen: 91
ullstein bild – adoc-photos: 159
ullstein bild – P. Probst: 190
Vadianische Sammlung, St. Gallen: 79
Yorck Project (5000 Historische Stadtansichten): 103, 142